삐뚤빼뚤
가도 좋아

십대를 위한
도전과 용기의
심리학

삐뚤빼뚤
가도 좋아

이남석 지음

사□□계절

차 례

1
선물

"수정아! 엄마 모임 다녀올 테니, 알아서 밥 차려 먹어라."

엄마가 말했지만 나는 대답하지 않았다. 엄마가 더 큰 소리로 말했다.

"혹시 몰라서 식탁에 만 원 놓고 간다."

나는 만 원이라는 말에 용수철처럼 튀어 거실로 나갔다. 꾸벅 몸을 숙이면서 눈을 마주칠 사이도 없이 몸은 식탁으로 향했다. 나는 식탁 위에 떡하니 온몸 펴고 누워 있는 만 원을 고양이가 생선 채듯이 쟁겼나.

"이걸로 먹고 싶은 거 시켜 먹어도 되지?"

"밥 놔두고 왜 시켜 먹어?"

"입맛 없단 말이야."

엄마는 혀를 차면서 마음대로 하라는 말을 남기고 나갔다. 나는 만 원을 손에 들고 함박웃음을 지었다. 하지만 그 웃음은 오래가지 않았다. 사실 나는 음식을 주문할 생각이 없었다. 지금 한 푼이 아쉬운 상황이라 소파 밑으로 굴러 들어간 동전이라도 찾고 싶을 정도였다.

'아, 어버이날 선물로 뭘 준비하지?'

내 처지에 괜히 비싼 걸 준비했다간 낭패다. 그렇다고 성의 없이 준비하면 나중에 엄마한테서 용돈 타 낼 때 문제가 생길 것 같았다. 떨떠름한 표정으로 나를 째려보는 엄마가 떠올라 벌써 몸이 오르르 떨렸다.

나는 엄마가 청소할 일이 절대 없는 컴퓨터 본체를 슬쩍 들어밀치고 그곳에 몸을 숨긴 비상금 봉투 속을 들여다보았다. 지난 밸런타인데이와 화이트데이 때 지출이 너무 컸다. 남자 친구가 있는 애는 한 명만 챙기면 되지만, 나처럼 남자 친구가 없는 애는 두루 챙기느라 돈이 많이 든다. 솔직히 그런 날은 친구들에게서 선물을 받아도 별로 기쁘지 않다. 초콜릿과 사탕을 먹어서 괜히 살만 찐다. 그래도 그것마저 받지 못하면 정말 서운하기는 하다.

'기념일들은 왜 하필 학년 말과 학년 초에 몰려 있는 거람? 학기 중에 있으면 친해진 애들 몇 명만 챙기면 될 텐데. 유종의 미와 끈끈한 시작을 위해 한 달 간격으로 선량한 여고생의 지갑을 홀쭉해지게 만들다니……'

또 지갑의 두께와 선물 사이에서 고민해야 하는 5월이다. 엄마 아빠에게 무엇이 갖고 싶은지 힌트를 받을까 생각도 했지만, 엄마가 비싼 걸 말할까 두려웠다. 내가 다달이 받는 용돈에다 몇 달 전 고등학교 입학한다고 친척들에게서 받은 돈까지 계산에 넣는다면 엄마가 머릿속에 그릴 선물이 달라질 것이다. 엄마는 내가 그때 받은 용돈의 절반쯤은 남겨 놨다고 생각할지도 모른다. 그러면 대참사가 벌어진다.

'어휴, 이럴 줄 알았으면 미리 징징거려서 더 돈을 챙겨 놓을걸.'

나는 비상금을 지갑에 넣었다. 선물 가게에 들어가기 전 원칙을 세웠다. 뭐든 아빠와 엄마 공동으로 하나 사자. 그게 안 되면 비슷한 것을 해 주자. 각각 다른 것을 해 줬다가는 "정성이 다르네.", "가격이 다르네." 하면서 뒷말이 장난이 아니니까.

★★

"규식아, 올해는 뭐 해 줄 거야?"

엄마가 학원까지 태워다 주는 차 안에서 내게 물었다. 아직 정하지 않았다고 하자 엄마는 말했다.

"아들, 작년처럼 조화 카네이션은 싫다."

나는 아무렇지도 않은 척 대답했다.

"그게 생화보다 더 오래가서 실용적이지 않나? 거실에 놓으면 엄마를 향한 내 사랑을 계속 확인할 수 있잖아."

"이 엄마를 정말 사랑한다면 다른 것을 줘. 정 꽃을 주려면 생화를 주든가."

나는 움찔 놀랐다. 무덤덤하게 굴어 아무 기대도 안 하게 했다가, 장미꽃 생화를 주려고 계획해 두었기 때문이다. 그런데 엄마가 선물을 말해 버렸다. 엄마가 이미 말한 이상 내가 준비하려한 생화는 깜짝 선물이 아니다. 엄마의 지시를 받고 산 것이다. 기운이 빠졌다. 이제 다른 것을 준비해야 했다.

'할 일도 많은데.'

나도 모르게 이 생각을 밖으로 말할 뻔했다. 그랬다면 엄마는 폭발했을 것이다. 내가 고등학교 2학년이 되면서 엄마의 스트레스 지수가 높아졌다. 물론 나도 그렇기는 하다. 1학년 때 같은 반에서 경쟁하던 김대환은 스트레스 클리닉을 받다가 결국 얼마전에 자퇴하고 말았다. 그 멍한 눈빛을 나는 잊을 수가 없다. 나도 그렇게 될까 봐 무섭기도 했다. 엄마에게 이야기했더니 "그렇게 세상에서 낙오되지 않으려면 더 집중해야 돼."라고 말했다.

대환이처럼 씁쓸한 뒷맛을 남기며 사라진 아이만 있는 게 아니었다. 박은주라는 애는 유머 감각도 있고 공부도 제법 잘했는데, 어느 날 자퇴를 하겠다고 해서 깜짝 놀랐다. 친한 사이가 아니어서 자세한 사정은 알 수 없지만, 자신의 선택으로 당당히 학교를 그만두는 모습이 부러웠다. 검정고시와 수능을 올해에 다 치른다면 나보다 먼저 대학교에 갈 수도 있다는 생각을 하니 왠지 내가 뒤처지는 느낌마저 들었다. 나는 어떻게 내 길을 찾아갈까. 학년이 올라갈수록 더 부담스럽고 앞날이 두려워졌다.

그런 내 마음이 겉으로 드러나서일까? 엄마는 요즘 한창 박차를 가하며 달려 나가야 할 때인데 자꾸 풀어진다며 불만이 가득한 눈으로 나를 보곤 한다. 나는 적어도 어버이날에는 행복이 가득한 엄마의 눈을 보고 싶었다.

학원에 도착해서 수업을 들을 때는 잊고 있었는데, 학원 끝나는 시간에 맞춰 나를 데리러 온 엄마 얼굴을 보자 다시 선물 걱정이 밀려왔다. 저녁에 친구들에게 문자를 보냈다.

어버이날 선물로 뭘 준비하니?

시차를 두고 답 문자가 도착했다. 중학교 이후로는 어린이날과 어버이날 모두 안 챙긴다는 애부터 그냥 카네이션만 준비한다는 애, 평소 부모님에게 전하고 싶은 마음이 제목으로 된 책을 선물한다는 애, 심부름 이용권을 주고 대충 몸으로 때운다는 애 등 가지가지였다. 답 문자를 훑어보고 있을 때 짝꿍에게서 전화가 왔다. 나는 반가운 마음으로 전화를 받았다.

"오, 신년! 웬일이야?"

"자식, 형님 이름 함부로 부르는 거 아니라고 했지?"

신년이는 짐짓 장난치듯 말하지만, 자기 이름 부르는 것을 싫어했다. 김신년. 조회 시간이나 수업 시간에 선생님이 이름을 부를 때 이로 살짝 입술을 무는 모습을 여러 번 봤다. 그런데 이상하게도 나는 그 이름을 불러 줘야 더 친한 느낌이 들었다. 마치 친구끼리 욕을 섞어 쓰면 더 친한 느낌이 드는 것처럼. 신년이라는 이름 자체가 욕 같기는 하다.

"야, 너 그깟 어버이날 선물 가지고 초딩처럼 문자 보내고 그러냐? 내 하도 한심해서 전화한다."

"그러는 너는 얼마나 대단한 선물을 준비하는데?"

"그냥 의젓하게 '아이구, 저를 키워 주시느라 고생하고 계시네요.'라는 애정 어린 눈빛을 발사하면서⋯⋯ 카네이션을 가슴에 달아 드리면서⋯⋯ 시험 성적 올리겠다고 하면서⋯⋯ 스르르 학교로 달려 나오면 되지."

"야, 결국 아무 선물도 하지 않는 거잖아."

"어허, 이 중생 보소. 물질만 선물이냐? 18년 동안 숙성된 내 정성! 마음! 그리고 부모님이 바라는 성적이 있잖아."

신년이는 잠시 말을 끊었다가 이었다.

"아, 참! 넌 성적을 더 올릴 수가 없지?"

대답 대신 코웃음이 나왔다.

"아하, 그래서 더 고민이 되기는 하겠구나. 이런 경우를 두고 하는 사자성어가 있을 텐데⋯⋯."

신년이는 되지도 않는 사자성어들을 늘어놓았다. 나는 사자성어 대신에 네 글자로 된 욕을 쏟아 냈다. 신년이는 웃음기 머금은 목소리로 여유 있게 받았다.

"워워. 욕이 완전 힙합처럼 운율이 딱딱 맞네. 네 욕은 나중에 더 감상하기로 하고, 조별 과제 때문에 물어볼 게 있어."

신년이는 그제야 내게 전화한 속내를 드러냈다. 얼마간의 실랑이 후 나는 신년이를 우리 조에 끼워 줄 수 있는지 다른 조원에게 물어보겠다고 했다. 아이들은 평소에는 거리를 두다가도 조별 과제나 시험을 앞두고서는 나한테 친밀하게 굴었다. 으레 그러려니 하지만, 그래도 찝찝했다.

"너 결국 조별 과제 때문에 전화한 거냐?"

"아냐, 아까 말했잖아. 네가 쓸데없는 문자질 하기에 보살펴 주려고 전화한 거라니까."

"뭐? 보살펴 주려고? 야, 선물 아이디어 하나 안 주고서 무슨 말이야?"

"내가 아까 말해 줬잖아."

"장난할래?"

"야, 장난이라니. 나 정말 그렇게 할 거야. 넌 우리 아빠랑 엄마를 몰라서 그래. 그렇게만 해도 돼. 너네 아빠랑 엄마 스타일은 어떤데 그래? 말해 봐. 형이 다 진단해서 처방해 줄게."

나는 서둘러 전화를 끊었다. 신년이가 아빠 이야기를 더 자세히 물어보기 전에 말이다. 나는 한숨을 내쉬며 고민했다.

'그나저나 내일은 어떻게든 선물을 사야겠구나. 이러다 아무것도 못하면 그게 더 큰 문제니까. 그런데 뭘로 하지?'

★★

"수정아, 뭐가 좋아서 그렇게 싱글벙글거려?"

"산책하는데 오늘따라 잘생긴 애들이 많이 보이지 뭐야."

엄마는 혀를 차면서도 그 애들이 누구를 닮았는지 물어보았다. 연예인 이름을 댈 때마다 엄마는 "어머, 어머." 하면서 손뼉을 쳤다. 이럴 때 보면 엄마가 꼭 여고생 같다. 아무튼 나는 적당히 둘러대고 방으로 들어왔다.

'에휴, 나도 우리 동네에 그렇게 잘생긴 애들이 쫙 깔려 있으면 좋겠다.'

이렇게 한탄하며 가방에서 선물을 꺼냈다.

'역시 난 천재야. 단돈 만 원으로 완전 멋진 선물을 샀어.'

나는 자화자찬하면서 애교 섞인 콧소리로 연습했다.

"이 아로마 초 켜서 분위기 잡으시고, 제 동생 만들어 주세요."

뜬금없지만 효과가 있을 것 같았다. 어버이날에 새로운 어버이가 되시라는 것. "으이그." 하면서 더 말을 잇지 못할 아빠와 용 썼다며 장난기 어린 눈빛을 보낼 엄마 표정이 눈에 선했다. 빨간 촛불과 파란 촛불 앞에서 두 분이 서로 어색하게 바라보는 모습을 생각만 해도 재미있었다. 이왕 준비하는 것 엄마의 야한 속옷까지 마련하면 좋겠지만 역시 돈이 문제였다.

돈. 이상하게 나는 돈이라는 말 앞에서는 작아진다. 경제적인 고민을 적나라하게 털어놓는 아빠와 엄마의 말을 자주 들어서일까? 어쨌든 어른이 되면 돈 많이 벌어서 걱정 없이 살고 싶다. 그 전까지는 이렇게 꼼수로 때워야겠지. 나는 문을 잠그고 아로마 초 포장 위에 카드를 정성스럽게 붙였다.

드디어 5월 8일 아침. 나는 엄마와 아빠에게 아로마 초를 보여 주며 준비한 이야기를 했다. 그런데 바쁜 아침이어서 그런지 분위기가 영 아니었다. 출근을 서두르는 아빠는 내가 말한 것을 제대로 들었는지 어쨌는지 건성으로 "고마워."라고 했고, 엄마는 "쓸데없는 데 신경 쓰지 말고 공부나 열심히 해."라며 내 어깨를 툭 쳤다. 촛불을 붙여 보라고 해도 엄마 아빠는 저녁에 하겠다며 한쪽으로 치웠다.

나는 내심 서운했다. 어차피 한번 때우자고 준비한 것이긴 하지만 이렇게 넘기다니. 만약 더 많이 신경 써서 엄마 속옷과 아빠 선물까지 따로 준비했다면 나는 더 크게 실망했을 거다. 결과적으로 애초에 더 투자하지 않기를 잘했다는 생각이 들었다.

'기대를 하고 뭘 준비하면 안 되는 거였어. 다음번에는 더 대충 준비할 거야. 아무튼 이건 절대 내 잘못이 아니야. 엄마 아빠 탓이 크다고!'

쿵 쿵 쿵. 머리가 울릴 정도로 바닥을 차며 걸었지만 마음은 전혀 가벼워지지 않았다. 기분이 나쁘다는 것을 팍팍 표시 내며 학교까지 오는 동안 내 마음을 알아주는 사람은 아무도 없었다.

★★

일요일에 시간을 내서 찾은 선물 가게에는 주로 여학생들이 있었다. 남학생인 나에게 시선이 쏠리는 것 같아 얼굴이 달아올랐다. 괜히 왔나 싶었지만, 생화와 함께 다른 것도 선물하면 엄마를 기쁘게 할 수 있다는 생각에 집중했다. 그러자 선물이 눈에 들어오기 시작했다. 그런데 막상 사려고 집어 들면, 그 물건을 사도 되는 이유보다 사지 않아도 되는 이유가 먼저 보였다. 엄마 취향에는 모두 맞지 않을 것 같았다. 그래도 뭔가 선물해야 한다는 의무감에 5천 원을 들여서 하트 모양의 조그만 사진 액자를 샀다. 일단 돈에 맞춰서 샀더니 근사한 이유가 따라붙었다.

'꽃을 좋아하는 엄마라면 로맨틱한 액자도 좋아할 거야.'

나는 자신을 설득하면서 집으로 돌아와 액자에 넣을 만한 내 사진을 골랐다. 혼자서 나를 키우는 엄마에게 자랑스러운 아들이 되고 싶다. 이제 집안의 유일한 남자이기도 한 내가 얼른 자라서 엄마의 든든한 버팀목이 되고 싶다. 그렇지만 이런 말을 하면서 선물을 드리고 싶지는 않았다. 아빠의 빈자리가 느껴질 것이기 때문이었다. 어떤 말이 좋을까 고민하다가, 나는 말보다는 행동으로 보여주는 편이 더 좋겠다고 생각했다.

어버이날 아침. 나는 엄마가 깨기 전에 일어나서 달걀 프라이와 토스트를 만들었다. 그리고 식탁에 초를 켜고 생화를 꽂아 놓고서 엄마를 깨웠다. 나만 말을 하지 않은 것이 아니었다. 엄마도 아무 말이 없었다. 잘하겠다는 말보다 작은 행동으로 실천한 게 더 좋았다는 것을 엄마의 행복한 눈빛을 보며 확인할 수 있었다.

오랜만에 집에서 기분 좋게 시간을 보낼 수 있어 다행이었다. 마음의 여유가 생겨서일까, 학교생활도 더 재미있게 느껴졌다. 반 친구들의 모습에서도 조금씩 다른 점이 눈에 들어왔다.

예를 들어 신년이는 그냥 자기 이름 불리는 것을 싫어하는 아이가 아니었다. 자기를 무시하는 것을 참지 못했다. 나는 처음에는 신년이가 힘들이지 않고 성적을 잘 받으려고 내가 있는 조에 기를 쓰고 들어오려는 줄 알았다. 그런데 성적을 노리는 것은 아니었다. 신년이는 리더로 인정받고 싶어 했다. 마차에 올라탄 마부가 되어 좋은 말에 해당하는 나머지 조원들을 부리고 싶어 했다. 일이 자기 제안대로 진행되지 않으면 어깃장을 놓으려 했고, 자기가 한 일을 칭찬받지 못하면 다른 사람이 한 일도 냉정하게 비판했다. 그리고 마음을 상하게 하는 짓궂은 농담을 했다.

나는 다른 조원인 정세환이 더 마음에 들었다. 묵묵히 자기 일을 하고, 다른 사람이 낸 제안도 꼼꼼하게 따져 보았다. 세환이는 2학년 부학생회장인 도주현과 친구였는데, 학교에서 정식 감투를 받지 않았어도 열심히 주현이를 도왔다. 부러웠다.

'함께 일하면서 연애도 하다니.'

그런데 세환이 때문에 다음 모임 일정이 잘 잡히지 않았다. 3학년 학생회장이 바빠서 이번에는 2학년 부학생회장이 스승의 날 행사 준비를 주도하게 되었고, 그 때문에 여러 번 준비 회의를 한다고 했다. 세환이의 열정, 아니 애정이 대단하다고 생각했다. 하지만 과제 일정을 잡는 것이 계속 꼬이자 짜증이 났다.

"아니, 대체 뭘 준비하는데 그래? 그냥 선생님께 꽃 달아 드리면서 재롱 떨면 되잖아?"

그러는 나를 보며 신년이가 퉁을 놓았다.

"으이그, 이제 알았냐? 꼭 며칠 전의 누구 모습이랑 똑같네."

나는 신년이를 가볍게 째려보고 나서 세환이를 다그쳤다. 그러나 세환이는 단호했다.

"이왕 할 거면 우리도 재미있고 선생님들도 기쁜 게 좋지 않니? 나름 특색 있게 하려다 보니 준비하는 데 시간이 걸리는 거야."

신년이가 끼어들었다.

"뭘 준비하는데? 어떤 학교는 전교생이 춤을 춰서 동영상으로 올렸던데, 우리도 그러는 거야?"

"아니, 그런 게 아니라 깜짝 이벤트야."

"지난번 만우절에 했던 것처럼?"

신년이의 눈빛이 반짝하고 빛났다.

지난 만우절에 우리 반은 반장 이주연과 신년이의 주도로 장난을 벌였다. 옥상에 신발을 벗어 놓고 담임 선생님을 불렀다. 반장이 혼신의 연기를 했지만, 선생님은 장난이겠거니 하면서 옥상까지 왔다. 그러나 현장에 도착한 선생님은 얼굴이 창백해졌다. 애들이 아래쪽을 내려다보며 소리를 질렀다. 바닥에는 핏

자국이 선명했고, 한 무리의 아이들이 어떤 아이를 정문 쪽으로 옮기고 있었으며, 어떤 녀석은 119에 전화를 걸었다. 선생님은 숨도 돌리지 않고 1층으로 내달렸다. 아이들이 바닥에 시럽을 섞은 빨간 물감을 뿌리고 여러 명이 한 아이를 업고 가는 장면을 연출했다는 것을 모른 채. 담임 선생님뿐만 아니라 다른 선생님들까지 혼비백산해서 옥상으로 운동장으로 뛰어다녔다.

선생님은 장난이라는 사실을 안 뒤에도 처음 받은 충격으로 끝내 눈물을 보였고, 이 일에 참여한 아이들은 교무실로 끌려가 싹싹 빌어야 했다. 웃고 넘기는 화기애애한 만우절이 아니라 웃기면서도 슬프게 끝나고 말았다. 이 사건은 두 기획자 이름의 끝 글자를 따서 '쌍년의 전설'로 학교에 남게 되었다.

"야, 그런 끔찍 이벤트 말고 깜짝 이벤트."

세환이가 손사래를 치면서 말했다.

"어떤 이벤트인데? 이 형님이 검토해 줄게."

"15일 아침에 각 반 반장이 애들한테 말해 줄 거야."

"뭐야, 그럼 얼마 안 남았잖아. 그냥 얘기해 줘."

신년이가 졸라도 세환이는 입을 열지 않았다. 미리 새어 나가면 깜짝 이벤트가 될 수 없다고 했다.

나는 도대체 얼마나 대단한 걸 준비하기에 아이들한테 미리 이야기하지 않고 간부들만 모여서 하는 건지 궁금했다. 우리가 한 일이라고는 일찌감치 인기투표로 각 학년마다 가장 좋아하는 선생님을 뽑고, 그 선생님과 재미있게 찍은 사진을 반 채팅창을 통해 공유한 것밖에 없었다. 그다음에는 학생회 핵심 간부와 세환이 같은 애들 몇 명만 따로 회의를 했다. 조별 과제처럼.

그런데 세환이 눈치를 보니 우리 조별 과제와는 비교할 수 없을 정도로 더 재미있는 것 같았다. 성적과 상관없어서일까? 아무튼 함께 즐거움을 나누는 것처럼 보여서 부러웠다.

★★

20년 넘게 교사 생활을 하면서 스승의 날 선물을 참 다양하게 받아 봤지만 이번이 가장 인상적이었다. 내가 인기투표에서 1위를 했다는 것부터가 믿기지 않았다. 그동안 영어 교사로만 아이들을 만나다가 올해에는 학교 진로 부장을 맡아 의욕 있게 사업을 기획하기는 했지만, 아직 보여 준 것은 없었다. 그런데 아이들한테서 먼저 선물을 받게 되니, 아이들을 더 열심히 이끌어야겠다는 생각이 들었다.

솔직히, 스승의 날인 오늘 오전만 해도 실망한 게 사실이다. 정성 들여 준비한 편지나 직접 만든 선물은 아예 사라졌고, 케이크와 풍선마저도 없었다. 카네이션과 감사 인사, 스승의 날 노래 정도였다.

'그래, 애들이 공부하느라 바쁘니까 그럴 수도 있지.'

그런데 해마다 찾아오던 졸업한 녀석들도 이번에는 나타나지 않았다. 저녁 약속도 잡히지 않았다.

'그래, 애들이 벌어먹고 사느라 바쁘니까 그럴 수도 있지.'

이렇게 생각하며 넘기려고 했지만, 다른 선생님들을 찾아온 제자들을 보면서 좀 서운했다. 한편으로는 제자들이 걱정되기도 했다.

'혹시 무슨 일이 있어서 못 오는 건 아닐까?'

전화번호를 찾았다. 그렇지만 스승의 날에 내가 먼저 전화하면 제자들에게 부담을 줄 수 있다는 생각에 끝내 번호를 누르지는 못했다. 그렇게 퇴근 시간이 다가왔다.

야간 자율 학습 시간에 진로 상담을 하겠다고 며칠 전부터 간절하게 신청했던 오재동이라는 녀석이 없었다면 나는 그대로 퇴근했을 것이다. 재동이는 진로 문제라기보다는 성격 상담에 가까운 이야기를 늘어놓았다. 내가 차분하게 마음을 어루만져 줘도 녀석은 되지도 않는 이야기로 시간을 끌었다.

슬슬 짜증이 나기 시작할 때, 학생회 간부이기도 한 김해림이 상담실로 헐레벌떡 뛰어 들어왔다.

"선생님, 다목적실에 이상한 어른들이 들어와서 사고를 치고 있어요."

나는 허겁지겁 다목적실로 달려갔다. 다목적실 문을 열어젖힌 나는 깜짝 놀랐다.

"아니, 너희들이 웬일이니?"

20대 제자부터 슬슬 중년의 티가 나기 시작하는 제자까지 한 자리에 모여 환하게 웃고 있었다. 공립 학교 교사의 특성상 몇 년마다 학교를 옮겨 다녔기 때문에 제자들은 서로 알 수 없었을 텐데, 동문도 동창도 아닌 아이들이 졸업한 순서대로 앞에서부터 착착 사이좋게 앉아 있었다. 학생회 부회장 주현이가 꽃다발을 건네며 말할 때까지 나는 어리벙벙하기만 했다.

"선생님께 드리는 선물이에요. 아, 꽃다발이 아니라 이 제자들의 모임이요."

주현이는 일종의 팬클럽을 만들었다고 했다. 스타는 나, 팬들은 제자들로 말이다. 나를 좋아한다는 이유로 학교나 나이에 상관없이 모두 회원으로 가입했다고 말했다.

"오늘이 그 팬클럽 창단식을 하는 날이에요. 선생님이 학교를 옮기셔도 그 학교에서 스승의 날마다 모임을 하기로 했습니다. 팬클럽 이름은 일단 '안다 요다'라고 정했어요."

팬클럽 이름에 아이들이 모두 웃었다. 수업 시간에 잠시 뭐를 생각할 때면 말버릇으로 'and I'(앤드 아이)를 빨리 발음해서 '안다'라고 하는 까닭에 내게는 안다라는 별명이 붙었다. 그리고 영화 〈스타 워즈〉의 캐릭터를 떠올리게 하는 범상치 않은 우주적 외모 때문에 요다라는 별명도 있다. 주현이가 이 두 별명을 종합한 '안다 요다'는 요다인 나를 안다는 뜻도 된다고 설명했다.

예전에는 내 이름 문병수를 따서 '문병'이라는 고전적인 별명이 붙었다. 그러다가 옛날 사례를 많이 들어 가며 훈계한다고 '전설의 고향'으로 바뀌었다. 별명마다 나름대로 당시 아이들에게 비친 내 모습이나 개성이 나타나서 좋았다. 지금의 요다라는 별명은 내가 독특한 방법으로 세상과 싸우는 전사를 길러 내는 요다와 비슷한 면이 있다는 것이 아닐까 싶어 마음에 들었다. 설마 그냥 키 작은 쭈그렁이여서 그런 별명을 붙인 것은 아니겠지.

"너희들 어떻게 모이게 된 거야?"

내 제자들끼리 알고 지내면 서로에게 도움이 되고 좋겠다는 생각을 하긴 했지만, 그것이 실제로 이루어질 줄은 몰랐다. 주현이가 제안해서 팬클럽이 만들어졌다는 것은 설명을 듣고 알았다.

"고생이 많았겠구나."

"아니에요. 교장선생님께 스승의 날 이벤트에 필요하다며 여쭤 봤더니 인사 카드에 있는 선생님의 예전 근무지를 알려 주셨어요. 각 학교 동문회에 물어보니까 동문회장님들과 연결되었고, 이유를 실명드리니까 흔쾌히 허락해 주셨어요. 저희만 선생님을 좋아하는 게 아니라 선배님들 사이에서도 인기가 좋으셔서, 덕분에 아주 쉽게 준비할 수 있었어요."

말까지 예쁘게 하는 주현이를 보면서 더 감동받았다. 그 뒤 제자들이 가져온 사진으로 만든 영상물을 함께 보았다.

나하고 찍은 사진으로 만든 것이었는데, 첫 장부터 환호성이 터졌다.

"아니, 저때 무슨 일이 있었던 거예요?"

"그때는 저게 최신 유행이었어."

처음 교사 생활을 시작했을 때 파마로 말아 올린 장발이 요즘 아이들 눈에는 촌스러워 보였으리라. 아니면 이마가 깊이 파인 지금 모습과 달라서였을까. 아무튼 한 장 한 장 넘길 때마다 웃음이 터져 나왔다. 어느덧 최근 학교 행사에서 찍은 사진까지 이어지자 마치 타임머신을 타고 여행을 다녀온 기분이 들었다.

주현이가 '안다 요다' 인터넷 카페의 회원 수를 보여 주었다.

"우리 학교 아이들은 오늘부터 가입할 거고, 선배님들은 한 달 전쯤부터 차례로 가입하고 계세요. 앞으로 회원 수는 더 늘어날 거예요."

내가 배출한 첫 졸업생 중 하나인 공성호가 나서며 말했다.

"선생님, 대단하십니다. 여전히 좋은 후배를 키우고 계셨군요. 처음에는 만나면 어색할 것 같았어요. 이 모임을 동문회라고 할 수도 없고, 동창회라고 하기도 어려우니까요. 그런데 막상 와 보니 거리감이 없네요. 확실한 공통점인 선생님이 계시니까요."

옆에서 다른 학교 졸업생인 이지향이 말을 받았다.

"그러면 선생님의 팬클럽이라고 하기보다는 동생회가 어떨까요? 같을 동(同) 자와 선생님의 생(生) 자를 넣어서 같은 선생님을 둔 사람들의 모임이라는 뜻도 되고, 시간이 흐를수록 동생들이 계속 주렁주렁 생기는 모임이니까요."

모두들 "와!" 하고 박수를 치며 좋아했다. 나도 함께 박수를 치며 말했다.

"단순히 내 팬클럽이 아니라, 학교 울타리라든가 나이의 벽을 넘어서 서로 도움을 주고받는 좋은 모임이 되었으면 해. 같이 기운이 살아나는 모임이 되면 좋겠어. 그리고 모임 이름은 처음에 했던 대로 범우주적인 '안다 요다'로 가는 게 어떨까?"

공감의 박수가 터져 나왔다. 공감. 성향이 제각각인 사람들인데도 순간순간 마음이 하나로 모이는 것을 볼 때면 신기했다. 나는 제자들을 죽 둘러보았다. 공부를 잘했던 아이 못했던 아이, 말썽을 부렸던 아이 말을 잘 들었던 아이 등 다양한 사람들이 모였으니 활발한 기운이 넘칠 것 같았다.

그러다 문득 선후배 제자들을 엮어 진로 멘토링을 하면 괜찮겠다는 생각이 들었다. 일단은 일주일 뒤로 다가온 '선배와 함께하는 진로 체험의 날' 행사부터 잘 치러야겠지만 말이다.

도전도 만족스러운 선물처럼

　사람들은 흔히 무엇이든 선물을 받으면 기쁠 거라고 생각한다. 그러나 수정이와 규식이 이야기, 그리고 여러분이 경험한 사례를 떠올려 보면 실제로는 그렇지 않다는 점을 알 수 있을 것이다. 주는 사람 처지에서는 비싼 선물을 주기만 하면 상대방이 고마워할 거라고 생각하기 쉽다. 하지만 받는 사람 처지에서는 가격보다는 평소 자기가 원하던 것이었는지, 특별한 의미가 있는지가 만족을 느끼는 데 더 중요하다. 이러한 선물 만족의 법칙은 인생의 중요한 도전에도 적용된다.

　다른 사람들이 좋다고 말하는 직업이나 배우자 등을 얻어도 자기가 원하던 것이 아니거나 특별한 의미가 없으면 그리 행복하지 않다. 오히려 남들은 좋다고 하는데 만족하지 못하는 자신에게 혼란을 느끼거나, 자기 마음을 몰라주는 세상 속에서 우울해하기 쉽다. 행복은 본질적으로 주관적이다. 그렇기 때문에 도전할 때는 그럴듯한 것이나 남들에게 멋져 보이는 것이 아니라, 자신에게 필요하고 의미 있는 것인지부터 살펴야 한다.

　또한 선물은 예기치 못한 순간에 예기치 못한 것을 받으면 더욱 기쁘다. 밸런타인데이 때 초콜릿을 받는 것보다 아무런 기념일이 아닌데 초콜릿을 받을 때 더 기쁜 것처럼, 내가 결과를 모르고 도전했는데 어떤 성과를 얻으면 더욱 기쁘다. 반대로 어떤 일을 해서 얻을 결과를 미리 알아야만 나서겠다는 자세라면, 예상했던 결과를 얻어도 별로 기쁘지 않을 가능성이 높다. 오히려 그런 결과에 조금이라도 미치지 못했을 때 오는 실망감이 더 커지기 쉽다. 밸런타인데이에 당연히 받을 것이라 생각했던 초콜릿을 못 받을 때처럼 말이다.

　도전은 이성적인 계산으로만 할 수 있는 것이 아니다. 도전하는 마음가짐을 유지하려면 '어떤 것을 하려는 충동'이 꾸준히 불타올라야 하는데, 이것은 이성이 아니라 감성이기 때문이다. 결국 자신에게 필요한 것 또는 의미가 있는 것을 구하는 마음의 부추김이 있을 때 비로소 올바르게 도전할 수 있다. 이른바 위인들의 성공 요인을 자신의 삶에 억지로 꿰어 맞추려 하면 곧 좌절하고 만다. 진정 자신에게 의미 있는 것이 아니기 때문이다. 가슴에서 우러나오는 대로 움직이며 도전해야 행복을 누릴 가능성이 커진다.

2
창대한 시작 또는 무모한 시도

누가 '꿈 많은 여고생'이라고 말했던가. 나는 그저 '절망이 많은 여고생'이었다.

"시작은 미약하나 끝은 창대하리라."

고등학교에 입학한 뒤 몇 달 동안 책상 앞에 붙여 놓았던 이 표어를 떼었다. 표어를 구기자 기분이 더 나빠졌다. 차라리 중학교 졸업 앨범에서 김미려의 사진을 찾아 찢어 버렸다면 속이 더 후련했을 것 같았다.

"결국 잘난 체하려고 전화한 거였잖아."

미려가 외고 생활이 너무 힘들다면서 사실은 잘난 척하는 전화를 한 게 이번이 처음은 아니었다. 3월에는 외고는 급식도 뭔가 특별할 것 같았는데 그렇지 않고 너무 양식 위주로 나온다고 투정을 부리는 정도였다. 나는 전날 남은 재료를 바탕으로 창의적인 요리를 내놓는 우리 학교 급식을 이야기하면서 미려를 위로하기까지 했다. 미려가 4월이 되어도 서로 경쟁적으로 공부하느라 친구를 사귀지 못한다고 이야기할 때면, 일반고라 해서 친구를 더 쉽게 사귀는 것은 아니라며 힘들 때는 나에게 전화하라고 다독거렸다.

그런데 5월 축제부터 상황이 변했다. 역시 외고 축제는 다르다나? 첫날은 과 대항 체육 대회를 했는데, 공부만 하던 아이들이 시합에 이기려고 체육도 그렇게 열심히 할 줄은 몰랐다고 했다.

"뭘 그 정도 갖고 그래. 우리 학교 애들도 국가 대표에 빙의해서 장난 아니게 경쟁한다니까?"

이때까지는 그러려니 했다. 하지만 그 뒤 미려가 이틀 동안 벌어진 축제의 내용을 말할 때는 달랐다. 외고에서는 각 과마다 자기가 배우는 나라의 문화를 소개하는데, 그 나라 음식을 만들고 그 나라 언어로 연극을 한다고 했다. 세상에나. 일본 요리를 내놓고 일본어 연극을 하고, 스페인 요리를 먹고 스페인 연극을 하다니. 전교생이 전국 영어 연극 대회 수상작도 봤다고 했다. 춘향전을 영어로 했다나? 게다가 웬 시사 골든벨 퀴즈에 수학 백일장? 방송제와 음악 동아리와 댄스 동아리의 수준 높은 공연까지 있었다고 했다. 만능 천재들이 서로 재능을 뽐내는 자리도 아니고 이게 다 뭐람? 인기 연예인이나 흉내 내는 장기 자랑 위주었던 우리 학교 축제 이야기를 하자니 꿀리는 기분이 들었다.

"양수정, 너도 우리 학교 같이 다녔으면 정말 좋았을 텐데."

미려의 말이 내 속을 확 뒤집어 놓았다. 다니고 싶다고 해서 전학 갈 수 있는 학교도 아니고, 자기도 간신히 들어가 놓고서 이런 말을 하다니, 기분이 상했다.

5월 말부터 미려는 여름 방학 과제 이야기를 했다.

"넌 여름에 뭐 할 거니? 우리 학교는 단체로 해외 연수를 가거나, 같은 외국어에 관심이 있는 친구들끼리 조를 짜서 해외에 나가야 한대. 두 경우 모두 예약을 해야 해서 축제 끝나자마자 아주 난리였다니까. 좋은 조에 들어가려고 눈치작전이 정말 대단했어. 다행히 나는 아주 잘된 것 같아."

미려가 징징거렸을 때가 오히려 그리웠다.

'아, 잘난 아이들은 이렇게 스펙을 미리 쌓는구나.'

나는 미려가 먼 나라에 있는 사람처럼 느껴졌다. 중학교 1학년 때만 해도 미려와 나는 별 차이가 없었다. 그런데 3년이 지난 지금 미려는 나와 전혀 다른 무리에 끼어 있었다. 또 3년 뒤에는 어떤 무리에 속해서 나를 내려다볼까? 생각만 해도 몸서리쳐졌다.

앞으로 펼쳐질 미래가 전혀 다를 것 같았다. 자기소개서나 종합 생활 기록부에 적을 만한 온갖 경험을 쌓으며 잘 닦인 고속도로를 질주해서 멋진 성공을 누리는 미려의 모습이 그려졌다. 반면 한쪽에는 비포장 길을 달리다 펑크 난 차를 어찌할 줄 모르고 우왕좌왕하는 내 모습이 보였다. 대학, 취업, 경제력, 결혼, 자식, 노후까지도 미려하고 뚜렷이 비교되었다. 이대로라면 시작이 미약했듯 끝도 미약할 것 같았다. 질투와 짜증과 두려움이 동시에 밀려왔다.

이대로 꺾일 수는 없다고 생각하면서도 구체적으로 무엇을 어떻게 해야 할지 떠오르는 것이 없었다. 지금 나에게 "천 리 길도 한 걸음부터"라고 하는 사람이 있다면 확 대들고 싶었다. 나에게 필요한 것은 "천 리 길도 한 걸음으로 단번에"라는 '마법'이었다. 잘나간다고 잘난 체하는 애들은 싫다. 나는 더 잘나가서 그런 애들보다 더 잘난 체를 하고 싶었다. 나를 추월한 듯한 인간들의 코를 납작하게 만들 수 있는 '한 방'이 필요했다.

나는 유민이에게 전화를 걸어 사정을 이야기한 뒤 물어보았다.

"뭔가 멋진 거 없니?"

"에휴, 그런 게 있으면 지가 요렇고롬 살고 있겠슈? 그런 거 있음 제발 말해 줘유."

으이그! 나는 속에서 열불이 났다. 미려는 여름 방학 과제에서도 추진력 있는 조원을 만났는데, 내 주변에는 굼뜬 친구들만 있는 것 같았다. 나는 입맛을 다시며 전화를 끊었다.

'결국 내 힘으로 해결해야 한다는 건가? 그런데 어떻게?'

어유, 씨. 나는 벌러덩 침대에 누워 발을 허공에 굴렀다. 아무리 발길질을 해도 분이 풀리지 않았다. 씩씩거리며 자리에서 일어났다. 인터넷에 접속해서 미려가 부러워할 만한 것을 찾다가 특이한 도전으로 화제의 인물이 된 청소년들을 검색해 보았다. 장애인 친구와 함께 히말라야 등정에 성공한 여고생은 멋져 보였다. 문제는 내가 체력과는 담을 쌓은 청순가련형 소녀라는 점이었다. 자전거로 유럽을 횡단한 남매의 기사도 나왔다. 체력도 체력이지만, 외둥이인 나에게는 함께 여행할 듬직한 오빠가 없었다. 이슬람 지역을 여행해서 책까지 낸 여중생도 있었다. 이슬람 지역은 히잡을 써야 하는 등 여성에게 제약이 많아서 불편할 것 같았다.

뜨기 위해서는 남들을 깜짝 놀라게 할 만한 곳에 가기는 해야겠는데, 그러자면 감내해야 할 게 너무 많았다. 검색하면 할수록 내가 더 한심하게 느껴졌다. 그리고 그 아이들처럼 성공하고 싶은 마음에 부러움만 커지는 내가 싫어졌다.

나는 미려보다 훨씬 잘나가고 싶다. 되도록 고생은 덜 하고 말이다. 집에 돈이 많아서 외국에 살다 올 수만 있었어도 남달랐을 것 같아 엄마 아빠를 탓하는 맘까지 들었다. 쓴맛을 다시며 더 검색해 봤더니, 고등학교 2학년 여학생이 겨울 방학 동안 가족과 함께 지중해 인근을 여행한 이야기가 나왔다.

"바로 이거야!"

가족 여행을 검색어로 해서 찾아보니 더 많은 사례가 나왔다. 유럽, 오스트레일리아, 남아메리카, 아시아 등 행선지는 다양했다. 그런데 오지라고 할 수 있는 곳은 거의 없었다. 그러다 번뜩 눈이 뜨였다. 오지로 가족 여행을 가는 거다. 군대 시절 얘기를 하면서 뱀을 잡아먹었다는 등 하는 아빠의 말을 진짜라고 믿지 않더라도, 캠핑 때 아빠가 하던 모습을 보면 나도 최소한 버틸 수는 있을 것 같았다.

'시베리아로 가면 어떨까? 탐험 분위기가 물씬 날 텐데. 장비 빵빵하게 가져가면 견딜 만할지 몰라. 앞으로 학원 절대 다니지 않고 공부 열심히 할 테니, 그 돈 모아서 여행을 떠나자고 하면 되지 않을까?'

호시탐탐 해외여행 기회를 노리는 엄마를 든든한 응원군으로 삼으면 된다는 생각에 절로 흐뭇해졌다.

　나는 엄마를 불렀다. 그리고 내가 검색한 것을 보여 주면서 설득하기 시작했다. 미려 같은 아이와 경쟁하려면 이런 여행이 필요하다고 하자, 엄마는 대뜸 말을 잘랐다.

　"그 애들이랑 경쟁한다고? 걔들은 ○○대학교를 목표로 공부하지만, 너는……."

　"엄마!"

　서러웠다. 엄마라면 자식이 이런 말을 할 때 꿈이라도 크게 품어야 한다고 응원해 줘야 하는 거 아닌가? 내가 엄마에게 따지자, 엄마는 혀를 차며 말했다.

　"뱁새가 황새 따라가다가는 가랑이 찢어져. 일단 여기에서 잘 할 생각이나 해."

　"누가 뱁새라는 거야? 걔네들처럼 지원을 제대로 받아야 나도 성과를 내지."

　"너 말 한번 잘했다. 걔네들처럼 성과를 보여 줘야 지원을 하지."

　엄마와 나는 닭이 먼저냐 알이 먼저냐 식의 말싸움을 했다. 아빠가 내 방으로 들어왔다.

　"왜 이렇게 시끄러운 거야?"

　나는 아빠에게 사정을 설명했다. 아빠는 허황된 생각이라며 내 제안을 한마디로 거절했다. 그래도 나는 계속 말했다. 그러자 아빠는 내가 장난감 사 달라고 떼쓰는 아이처럼 군다면서 한숨을 내쉬며 물었다.

"네가 말하는 여행에 드는 돈은 계산해 봤어?"

"아니."

아빠는 어이없다는 표정을 지었다.

"그래서 앞으로 학원 안 다니고 공부한다고 한 거잖아. 학원비 드는 것보다는 적을걸?"

아빠의 가슴 아래에서 큰 한숨이 터져 나오는 것이 느껴졌다. 하지만 내 가슴에서는 천불이 나고 있었다. 나는 외국으로 가야 하는 이유를 속사포처럼 반복 재생했다. 아빠는 손바닥을 펴서 멈추라는 손짓을 한 다음 말했다.

"돈도 돈이지만, 그런 자세로 뭘 하겠다는 거니?"

"아빠는 왜 해 보지도 않고 그래? 일단 해 보는 게 도전이잖아. 여기 좀 봐, 다른 가족들은 어떻게 하는지."

나는 여러 사례가 나온 컴퓨터 화면을 손가락으로 가리켰다. 아빠는 내용을 잠시 훑어보고 나서 말했다.

"이 사람들이 무조건 저질러 보자는 식으로 한 것 같니?"

나는 살짝 기어들어 가는 소리로 말했다.

"뭐, 나름 준비를 하긴 했겠지."

그렇지만 이렇게 기가 죽으면 될 일도 안 될 것 같아서 목소리에 힘을 넣어 말을 이었다.

"아무튼 남들이 하지 않은 일을 용기 있게 시도한 건 맞잖아. 아빠나 엄마처럼 시작도 하기 전에 브레이크부터 걸지는 않았을 거라고."

나는 뭔가 해 보려는 나를 왜 밀어 주지 않는 거냐며 따졌다. 아빠는 그것은 용기가 아니라며 더 꼼꼼히 알아보라고 했다.

"너는 지금 망상에 빠져서 마구 일을 벌이려는 거야."

아빠는 정 가고 싶으면 직접 돈을 벌어서 가라고까지 했다. 나는 나름대로 생각이 있어 가족 모험을 제안한 건데, 왜 무모하다는 둥 망상에 빠졌다는 둥 하는지 모르겠다며 소리를 질렀다.

"다른 사람들은 자식한테 얼마나 투자하는 줄 알아? 색다르게 가족 여행을 한 사람들이 있으니까 나도 해 보겠다는 거잖아. 그런데 이런 반응이라니! 아빠랑 엄마는 나를 사랑하는 거 맞아? 내 앞날을 걱정하는 거 맞냐고?"

내가 보기에는 아빠가 돈을 아끼려 하는 말이거나 나를 못 믿어서 하는 말 같았다.

그러나 아빠는 내가 마치 다이어트에 도전할 때처럼 될까 봐 걱정한다고 했다.

"너, 매번 시작은 거창하지만 끝은 흐지부지되고 말잖아."

아빠는 내 아킬레스건을 건드렸다. 평소에는 하나밖에 없는 예쁜 딸이 괜한 짓을 한다고만 하던 아빠가 이런 공격을 하다니. 기분이 상했다.

하긴 겨우 두 달 전에 나는 새 학기 새 출발을 한다며 이렇게 말했었다.

"나 독한 맘 먹고 다이어트 할 거니까 말리지 마."

"얼씨구, 여태까지 한 번도 말린 적 없네요. 이번에는 정말 말리고 싶을 정도로 진득하게 해 보기나 하셔."

엄마 말마따나 의지가 약해져서 예전과 똑같은 상태로 돌아온 것은 언제나 나였다. 살을 빼니 체력이 달려서 공부가 안 된다고 한 것도 나였고, 군것질거리 앞에서 배시시 웃으며 입안에

밀어 넣던 것도 나였다. 운동하다가 몸이 조금만 아프면 다이어 트 할 팔자가 아니라며 중단한 적도 있었다. 다이어트는 그랬다.

하지만 이번 도전은 절대 아니다. 다른 사람들이 멋지게 해낸 것처럼 끝끼지 열심히 해 보고 싶다. 처음으로 말이다. 그런데 그 시작부터 아빠가 방해하고 있으니 너무 미웠다. 그래도 나는 내가 원하는 것을 얻어 내기 위해 다시 마음을 잡고 아빠에게 최대한 부드럽게 말했다.

"다이어트는 원래 중간에 포기하기 쉬운 재미없는 일이지만 이번만큼은 달라."

"다르긴 뭐가 달라? 이번엔 다를 거라고 박박 우기는 것까지 똑같은데, 뭘."

"가슴이 떨리는 게 달라. 정말 다르다니까."

"곧 지쳐서 포기하고 이것저것 핑계를 댈 거잖아."

나는 '으으으' 하는 소리가 터져 나오는 것을 겨우 참으며 조 목조목 따졌다.

"다이어트를 포기하게 되는 진짜 이유가 뭔지 알아? 의지력 부족 때문만이 아니야. 몸무게가 줄어드는 게 눈에 보이지 않으 니까 신이 나지 않아서야. 그렇지만 외국을 여행하는 건 매 순간 이 새롭잖아. 그러니 재미가 줄어들지 않지."

"넌 외국을 너무 이상적으로 보고 있어. 외국에 가면 무조건 다 새롭고 신기하고 재미있을 것 같아? 아빠는 해외 출장을 가 봐서 알지만, 전혀 아니야."

내가 대답 대신 입을 삐죽 내밀자, 아빠는 고개를 가로저으며 말했다.

"그리고 새로운 게 많으면 신날 거라고? 공부도 하면 할수록 몰랐던 게 나와. 그런데 너는 왜 신이 나서 공부하지 않지? 오히려 새로운 것이 나올수록 질겁하잖아."

아빠는 틀렸다. 나는 이번에는 정말 달라질 거였다. 달라지려는 나를 예전의 나로 만드는 것은 아빠의 불신이다.

계속 따지고 드는 나에게 아빠는 이렇게 잘라 말했다.

"제발, 그냥 열심히 하겠다는 말 말고 세부적인 계획을 세워서 가져와. 그러면 아빠가 진지하게 고민해 볼게."

그 뒤로도 나는 며칠을 계속 졸랐다. 그렇지만 엄마와 아빠의 반응에는 변화가 없었다. 이번에도 시작은 창대했으나 끝은 미약하게 되었다.

상상이 사라진 일상은 더 팍팍하게 느껴졌다. 학교에서도 기운이 빠졌다.

아이들이 물었다.

"수정아, 표정이 왜 그래? 뭐 안 좋은 일 있어?"

나는 친구들에게 집에서 있었던 일을 말했다. 특히 아빠에 대해 잔뜩 불평을 늘어놓았다.

친구들은 내 말에 격하게 공감했다. 자기 엄마와 아빠가 학원을 바꾸거나 콘서트에 가지 못하게 한 일들까지 자세하게 늘어놓으며 함께 열을 올렸다. 공연경은 해외 펜팔을 해서 외국 친구를 사귄 다음에 한국을 뜨라고 말했다. 내가 그다음에는 어떻게 하느냐고 묻자 연경이는 이렇게 말했다.

"그냥 바람처럼 온 세상을 자유롭게 떠돌아다니는 거지."

"야, 장난하냐?"

"아니, 멋지지 않니? 수정이는 서구적으로 예쁘게 생겨서 외국에 가면 더 잘될 거야. 안 그래?"

연경이는 다른 아이들에게 동의를 구하는 눈빛을 보냈지만, 애들은 쓴웃음을 지어 보였다. 정말 사람 기운 빠지게 하네. 차라리 말이나 하지 말지.

아무튼 보기 안쓰러웠는지 유민이가 한마디 했다.

"우리 마틴에게 부탁해 보면 어떨까?"

유민이는 원어민 선생님 이름을 마치 남자 친구 부르듯 다정하게 발음했다. 그래서 나는 마틴이 누구더라 하고 잠시 머릿속을 뒤져야 했다. 마틴은 어릴 때 프랑스에서 이민 간 미국인이었다. 그러나 우리 눈에는 그저 영어를 잘하는 프랑스 남자, 아니 남자 선생님이었다.

"마틴의 사촌이 신문에도 났다고 그랬잖아. 자기도 거기에 자극받아서 새로운 삶을 찾아 한국까지 오게 됐다고 한 거 기억안 나? 마틴은 그런 사람이니까 너를 도와줄지도 몰라."

"나는 마틴 잘 모르는데?"

"괜찮아. 내가 친하니까. 이러다 점심시간 다 보내겠다. 서두르자."

유민이는 자기가 부탁하면 좀 다를 거라면서 나를 잡아끌었다. 유민이를 따라가면서 나는 내 머리를 쳤다.

'맞아. 우리 학교에도 외고 선생님처럼 영어를 아주 잘하는 사람이 있어. 기죽을 필요 없어. 미려도 기껏해야 저희들끼리 해외에 가는 정도겠지만, 나는 선생님과 뭔가를 하면 돼. 이거 정말 부러워할 만한 일이겠는걸.'

유민이 말대로 잘되어서 미려뿐만 아니라 아빠 코를 납작하게 해 줄 수 있는 방법을 찾으면 좋겠다고 생각하며 유민을 따라갔다.

마틴은 벌써 3년째 한국 생활을 하고 있어서 한국어를 제법 잘하지만, 선생님들과 이야기를 나눌 때와는 달리 학생들과 이야기할 때는 영어를 고집했다.

유민이는 의성어를 섞어 가면서 내 처지를 이야기해 주었다.

"으흐흥, 마이 프렌드(My friend). 디스 프렌드 리얼리 라익스 유(This friend really likes you). 오우, 낫 라이크 미(oh, not like me). 아이 라이크 유 모어 댄 쉬(I like you more than she). 앤 다(and I)……, 으음……, 아임 쏴리(I'm sorry). 마이 잉글리시 이스 배드(My english is bad)."

영어를 못한다는 말만큼은 그동안 얼마나 반복했는지, 발음이나 억양이 거의 원어민 수준으로 나오고 있었다. 하지만 그 전과 다음 내용은 내가 듣기에도 민망할 정도였다.

"오홍. 밧트(But)……. 유 해브 투 노우 쉬 원 투 고 투 유어 컨트리(You have to know she want to go to your country). 비커어즈 쉬 원 투(Because she want to)……. 야, 이유가 뭐라고 했지?"

내가 다시 이유를 말했지만 유민이는 눈을 천장에 고정한 채 머릿속으로 뭔가를 정리하고 있었다. 아니면 뇌가 정지되어 버렸거나.

보다 못한 내가 떠듬거리며 나섰다.

"아이 돈 원 투 고우(I don't want to go)…… 저스트 포 사이트시잉(just for sightseeing). 아이 원 투 챌린지(I want to challenge)…… 애

벤처(adventure)······ 트라이 섬씽 뉴(try something new)······. 아이민(I mean)······ 섬씽 스페셜(something special), 섬씽 와우!(someting WOW!)······. 유 노우(you know)?"

그러자 마틴 옆에 앉아 있던 진로 부장이자 영어 담당인 문병수 선생님이 나섰다.

"대체 뭐라는 거야?"

"저는 단순히 관광하고 싶어서가 아니라 남다른 이유로 외국에 가고 싶어요. 선생님께서 도와주시면 정말 좋겠어요."

문병수 선생님은 나와 유민이를 번갈아 쳐다보았다. 나는 통역을 해 달라고 졸랐다.

"남다른 이유라는 게 도대체 뭔데?"

나는 당당하게 말했다.

"지금까지 한국 학생들이 도전하지 않은 곳에 가서 새로운 체험을 하고 싶어요."

선생님은 천천히 고개를 끄덕이다가 물었다.

"왜?"

이유를 말했다고 생각했는데 다시 물어보니 당황스러웠다. 그래서 나는 다른 사람들에게 새로운 가능성을 보여 주고 대학도 잘 가고 우리 학교의 자랑도 되고 싶다고 말했다.

유민이가 옆에서 거들었다.

"마틴의 사촌처럼 수정이도 멋진 사람이 되고 싶어 해요."

선생님은 자기가 모르는 뭐가 있나 싶은 표정을 짓더니 우리 말을 마틴에게 옮겼다. 솔직히 발음은 구렸지만, 선생님 입에서 문장이 술술 나오는 것이 신기했다. 아니, 그런 발음으로 말하는

데도 마틴이 알아듣는 게 참 신기했다.

그런데 중요한 건 이게 아니었다. 이야기를 다 들은 마틴의 표정이 조금 일그러졌다. 마틴은 천천히 말했다. 마틴은 우리가 잘 알아듣지 못하는 단어가 나온 것 같을 때는 한 번 더 풀어서 다시 설명해 주었다. 그래도 우리가 눈을 끔벅거리며 가만히 있자, 문병수 선생님이 아예 통역처럼 도와주었다.

★★

솔직히 황당했다. 마틴에게 방학 때 고향에 갈 거냐고 묻더니, 마틴이 대답하자마자 자기도 데리고 가 달라고 부탁하다니. 영어 교사라고 얼떨결에 통역을 하기는 했는데 갈수록 가관이었다.

그래도 마틴은 차분하게 설명해 주었다. 처음에는!

"1998년에 내 사촌 벤 르콩트가 대서양을 수영으로 횡단한 것이 겉으로 보기에는 무모한 도전 같았지. 그렇지만 가치 있는 일이었기 때문에 많은 사람들이 도와주고, 결국 해낼 수 있었던 거야."

마틴은 수정이를 빤히 바라보며 말했다.

"그런데 수정이의 도전은 대체 무엇을 위한 거지? 그냥 무모하기만 하면 도움을 받을 수 없을 텐데 말이야. 성공하더라도 뭐가 남을까? 별로 행복하지 않을 거야. 더 깊이 생각해 보면 좋겠는걸."

나는 이쯤에서 아이들이 물러설 줄 알았다. 그러나 아이들은 그대로 돌아서기 싫은 눈치였다. 오히려 어떻게든 공통점을 찾을 속셈으로 마틴의 사촌에 대해서 자세히 물었다.

마틴의 목소리에 힘이 들어갔다.

"내 삼촌, 그러니까 벤의 아버지가 마흔아홉이라는 젊은 나이에 암과 제대로 싸워 보지 못하고 세상을 떠났지. 그런데 암은 유전적인 영향이 크다고 하잖아. 벤은 자기가 다음 차례가 될 수 있다고 생각했어. 그래서 그때까지 막연히 생각하고만 있던 대서양 횡단의 꿈을 더 늦추지 말고 실행하려는 계획을 세운 거야."

수정이가 대답했다.

"저도 일단 허락이 떨어지면 훨씬 구체적으로 계획을 세울 거예요."

마틴은 단호하게 손가락을 좌우로 흔들며 말했다.

"아니, 아니. 나는 지금 출발점 자체가 다르다는 사실을 말하려는 거야. 벤은 대서양 횡단을 통해 대중의 관심을 높이고 암 치료 기금을 조성하기로 했어. 즉 개인적인 이득 말고도 사회적인 이익을 생각했지. 그리고 그 뒤로 6년 동안이나 피나는 훈련을 했어. 그 결과 80일 동안 약 6천 킬로미터나 되는 대서양을 횡단하고, 18만 달러에 이르는 기금도 모을 수 있었지."

마틴은 수정이가 공통점을 찾아 말하기 전에 먼저 둘의 차이점부터 조목조목 지적했다. 늘 사람 좋은 웃음을 지으며 영어의 다양한 표현을 가르치는 유연한 성격의 마틴이 아니었다.

"벤은 막연하나마 평소 입버릇처럼 하고 싶다고 말했던 일에서 출발했어. 너도 평소에 오지를 탐험하고 싶어 했던 거라면 좋

아. 그런데 미국이 땅덩어리가 크니까 어디든 그런 탐험을 할 만한 데가 있겠지, 이렇게 생각하는 거라면 좀 더 구체적으로 알아보고 계획을 세우기를 바라. 벤은 어디든 가겠다는 게 아니었어. 대서양이었어."

나는 이 대목을 통역하는데 애를 먹었다. 그런데 아이들은 딱히 통역의 문제 때문이라기보다는 마틴이 하는 말 자체를 이해하지 못하는 것처럼 보였다.

수정이는 왜 하필 대서양이냐고 물었다. 마틴은 눈을 지그시 감았다 뜨면서 미소를 지었다.

"벤은 자기가 태어난 유럽의 끝에서 지금 살고 있는 미국 땅이 시작되는 곳까지 수영해서 가겠다는 거였어. 그것을 중심으로 생각했지. 상어가 있고 파도가 거칠기로 유명한 대서양의 부정적인 측면은 벤에게는 부차적인 문제였어. 보통은 부정적인 면을 더 크게 보고 지레 포기하지만 말이야."

나는 이쯤에서 마틴에게 양해를 구하고 수정이에게 한국말로 선생님으로서 내 생각을 말했다.

"하고 싶다고 해서 마구 밀어붙이는 것은 도전이 아니야. 수정이는 꿈을 현실에서 이루고 싶니, 아니면 머릿속에서 이루고 싶니?"

수정이는 바로 대답했다.

"당연히 현실에서 이루고 싶지요."

"그러면 구체적으로 생각을 해야지. 네가 가고 싶은 곳, 이유, 시기 등등을 만이야. 그리고 현실적으로 노력해야 하는 거지."

수정이는 고집스러운 표정으로 나를 바라보며 말했다.

"저도 지금 그렇게 현실적인 노력을 하려고 마틴에게 물어보러 왔고, 일단 기본적인 조건부터 확인하는 거잖아요."

수정이의 태도에 화가 나서 나는 더 강한 투로 말했다.

"네 생각은 그저 욕심에 가까울 뿐이야. 혼자만 잘되려 하는 사람을 왜 다른 사람이 도와줘야 하지? 마틴이 말한 것처럼 벤이 꿈을 이룰 수 있었던 것은 사회에 도움이 되었기 때문이야. 그래서 다른 사람들이 도와줬고, 덕분에 혼자 밀어붙일 때보다 더 쉽고 멋지게 꿈을 이룰 수 있었던 거란다."

수정이는 자신의 도전이 학교의 자랑이 될 거라고 말했다. 그러나 나는 그 말을 옮기지 않았다. 마틴도 이미 알아들었겠지만. 사실은 자기 욕심을 한껏 채우고 싶으면서 겉으로만 의미를 부여하는 제자의 잘못까지 통역하고 싶지 않았기 때문이다. 예전 제자 중에도 자신이 누릴 경제적인 이익이나 지위를 우선시하면서도 아픈 사람을 위해 좋은 의사가 되고 싶다고 말한 아이가 있었다. 그런 눈빛을 수정이에게서도 보았다.

나는 점심시간도 다 지나 수업 준비를 해야 하고, 결론은 벌써 난 셈이니 그만 돌아가라고 말했다. 그래도 수정이는 포기하지 않았다.

보다 못한 마틴은 숙박 문제 때문에 그런 거라면 카우치서핑(couch surfing)을 이용해 보라며 웹사이트 주소를 알려 주었다. 나도 잘 모르던 거여서 호기심에 사이트를 찾아보았다. 한국어로 된 설명도 있었다.

"카우치서핑은 집주인이 인터넷 사이트를 통해 만난 여행객에게 무료로 숙식을 제공하는 시스템이다."

여행비를 절약할 뿐만 아니라 현지인과 접촉하며 그곳의 문화를 생생하게 접할 수 있다는 점이 큰 매력으로 다가왔다. 수정이도 큰 관심을 보였다.

마틴은 새로운 길을 찾은 듯한 표정으로 돌아가는 아이들의 뒷모습을 보며 고개를 절레절레 흔들고는 내게 말했다.

"수정이는 외국에 가면 뭐든 되겠지라는 생각으로 나를 찾아온 것 같아요. 그저 다른 사람의 결정이나 상황, 운에 맡기는 무책임한 짓이지요."

나는 마틴의 이야기를 곱씹으며 도전이란 과연 무엇일까 곰곰이 생각해 보았다. 아이들은 꿈을 찾는 일을 마치 '스펙 쌓기'처럼 이해하고 있었다. 이런 상황에서 꿈을 향한 진정한 도전을 어떻게 설명할 수 있을까? 어떻게 하면 이 둘을 구별하게 할 수 있을까 고민하기 시작했다.

학교 진로 부장으로서 이번 진로 체험의 날 행사를 제대로 준비해야겠다는 생각이 들었다. 막연히 대학에만 가면 어떻게든 될 거라고 생각하는 아이들에게 다른 이야기를 들려주고 싶었다. 나는 진로 체험의 날 행사에 섭외한 제자에게 전화를 걸어 특별한 부탁을 했다.

★★

나는 고등학교 2학년 1학기를 이렇게 보내게 될 줄 몰랐다. 어찌 보면 나보다 엄마가 더 놀랐을지도 모른다.

"규식아, 제발 정신 차려."

나는 이제야 정신을 차렸는데, 엄마는 내가 정신 줄을 놓기 시작하더니 결국 공부를 하지 않는다고 한숨지었다. 엄마와 내가 의견 일치를 보는 면도 있었다. 변화의 시점. 엄마 말대로 나는 학교에서 열린 '선배와 함께하는 진로 체험의 날' 행사를 기점으로 변했다.

평소 방송 미디어 분야에 관심이 있던 나는 PD와 편집자로 일하는 선배가 온다는 말에 강연을 듣겠다고 신청했다. 그동안 아무도 속시원하게 답을 주지 못한 진로 문제와 관련해 족집게 강사가 주는 시험 족보 같은 성공 매뉴얼을 얻을 수 있을 것 같았다.

PD 선배는 강연만 한 게 아니라 지금 준비하고 있는 프로그램 자료 화면으로 쓰겠다며 카메라로 우리를 찍었다. 방송국 카메라를 보자 뭔가 아주 중요한 일에 내가 함께하는 기분이 들어 흥분되었다. 친구 몇몇은 청소년의 진로 문제와 관련해 사전 인터뷰를 했다. 혹시 나에게도 기회가 올까 싶어 주변을 어슬렁거렸지만 인터뷰는 못했고, 드디어 강연이 시작되었다.

해당 직업에 관한 소개와 뒷이야기를 기대했던 나는 첫 번째 강연부터 당황했다. 유명 잡지사에서 일한다는 전성원 편집장은 강단에 서자마자 고개를 천천히 돌려 가며 우리 얼굴을 하나하나 바라보았다. 그렇게 1분쯤 흐르자 아이들은 서로 얼굴을 보며 '뭐 하는 거야?'라는 눈빛을 주고받았다.

바로 그때 선배가 말했다.

"자, 모두 눈을 감으세요."

우리는 참 독특하다고 생각하며 눈을 감았다. 뭔가 특별한 것이 있으리라는 기대와 함께. 10초쯤 지났을까. 선배는 우리에게 다시 눈을 뜨라고 말했다. 우리는 반짝거리는 눈빛으로 선배를 쳐다보았다.

선배는 고개를 가로저으며 말했다.

"자, 봤지요?"

우리는 '뭘?'이라는 눈빛으로 또 서로를 바라보았다. 선배는 웃으며 말했다.

"아무것도 변하지 않은 거요."

아이들은 황당하다는 표정을 지었다.

"어른들 말이라고 해서 그대로 따르면 허무한 결과를 얻게 될 겁니다. 아무리 권위 있는 어른이 말해도 매 순간 여러분이 자기 처지에서 주의 깊게 판단한 뒤 주체적으로 선택해야 합니다. 이것이 '꿈을 향한 도전'이라는 강의 주제에 맞춰 제가 들려줄 수 있는 말의 전부입니다."

이 무슨 해괴망측한 짓인가. 전성원 편집장은 이렇게만 말하고 그대로 강단을 내려가 박경진 PD를 올려 보냈다. 아이들이 웅성거렸다. 나도 이런 선문답 같은 강연을 듣자고 여기에 앉아 있는 것은 아니라는 말이 목구멍까지 치밀어 올랐다. 행사 진행을 맡은 문병수 선생님도 살짝 당황한 것 같았지만 "메시지를 효과적으로 전달할 줄 아는 미디어 전문가답게 역시 차원이 다른 강연을 해 주셨다."며 박수를 유도했다. 우리는 반사적으로 박수를 치기는 했지만 소리는 아주 작았다.

아이들의 관심은 벌써 두 번째 강사인 PD 선배에게 쏠려 있었다. 혹시나 PD 선배는 내가 바라던 대로 현실적으로 도움이 되는 정보를 줄까 싶어 주의 깊게 살폈다. 그러나 PD 선배의 이야기는 나를 더 혼란스럽게 했다. 그 이유는 너무도 현실적이기 때문이었다.

그날부터 나는 정신을 차리려고 노력했다. 하지만 집안에서는 그때부터 마찰이 생겨 나를 괴롭혔다.

"새삼스럽게 삶의 방향을 고민해 보겠다니, 그런 건 대학에 가고 나서 고민해도 충분해. 대학에 가면 더 좋은 기회가 생길 거야."

나는 PD 선배에게서 들은 이야기를 섞어 가며 엄마에게 내 생각을 말했다.

"좋은 대학에 합격했다고 교문 앞 현수막에 이름이 걸린 선배 중에 몇 명이나 취직하고 있는지 아세요?"

이 말을 하면서 나는 PD 선배의 말이 떠올라 오싹했다. 대학을 나온 사람의 약 절반만이 취업을 했다. 대학 입학 정원 4천여 명을 기준으로 할 때 해마다 약 2000명이 취업을 하지 못하고 있다는 사실은 충격이었다. 그렇게 해마다 실업자가 쌓인다. 자신은 그렇게 되지 않으리라고 믿었던 입학생들이 말이다. 그런데도 마치 대학만 가면 모든 일이 저절로 잘 풀릴 것처럼 말하는 선생님과 부모님에게는 배신감이 느껴졌다. 그리고 그 말을 곧이곧대로 믿은 내가 바보 같았다.

"그거야 탈락할 만한 애들이니까 그런 거고, 너는 열심히 하면 걱정할 일 없어."

나는 계속 설명하기보다는 차라리 선배가 보여 준 영상을 엄마와 함께 보고 싶었다.

거기에 나오는 대학생들은 모두 열심히 공부하고 있었다. 지금의 나처럼 말이다. 아니, 대학 입시를 앞둔 고등학생보다 더 절박하게 공부하고 있었지만 취직을 못하고 있었다. 어떤 남학생은 이런 말까지 했다.

"남들처럼 되려고 열심히 스펙을 쌓았는데, 남들과 다른 게 뭐냐고 면접관이 물어봤을 때는 정말 머릿속이 백지장이 되는 것 같았어요. 아무 생각도 안 난다니까요. 그동안 다 헛짓한 것 같아서 저 자신이 부끄럽게 느껴지고 그래요."

여학생도 한마디 했다.

"여태껏 하라는 대로만 하면서 열심히 해 왔더니 갑자기 꿈이 뭐냐고 물어보네요. 그냥 열심히만 하면 뭐든지 될 거라고 했는데, 이제는 그런 시대가 아니래요. 우리더러 갑자기 꿈을 만들어 내래요. 취업이 힘들면 창업을 해서 도전하라고도 하고요. 준비가 전혀 되어 있지 않은데 말이에요."

내가 이 이야기를 들려주자 엄마는 "그래도 너는 다행히 꿈이 있으니 걱정할 필요 없이 공부만 하면 되지 않아?"라고 했다. 엄마가 말하는 것은 내가 목표로 하는 대학과 희망 직업이었다. 그러나 그런 것은 영상 속 대학생들도 지니고 있었다. 나는 이제는 다른 것이 필요하다고 말했다. 그러자 엄마는 "그게 뭐가 되었든 일단 좋은 대학을 가야 하잖니?"라고 대답했다.

결론은 대학이었다. 하지만 그 대학이라는 결승점을 통과한 선배들 모습을 보면 마음이 편하지 않았다. 내가 정말 좋은 길을 가고 있는 건지 의심스러워지기 시작했다. 나는 일단 고민해 보고 방향을 다시 정하고 싶다고 했더니 엄마는 무모한 짓은 그만

하라고 했다. 하지만 그럴수록 첫 번째 강사였던 편집장 선배의 말이 머릿속에 더 강하게 울려 퍼졌다.

"어른들 말이라고 해서 그대로 따르면 허무한 결과를 얻게 될 겁니다. 아무리 권위 있는 어른이 말해도 매 순간 여러분이 지기 처지에서 주의 깊게 판단한 뒤 주체적으로 선택해야 합니다."

그리고 PD 선배가 들려준 이야기도 시간이 갈수록 더 큰 감동으로 다가왔다. 강연 막바지에 선배는 새로운 일에 도전하는 용기를 설명하다가 많은 사람들이 본 영화 〈명량〉의 한 장면을 예로 들면서 물었다.

"이순신 장군이 달아나려는 부하의 목을 베기도 하고 호통을 치는데도 백성들은 두려움을 떨치지 못했지요. 그렇게 목숨을 부지하려고 애면글면하던 백성들이 왜 갑자기 죽음을 무릅쓰고 싸움에 뛰어들 수 있었을까요?"

아무도 선뜻 대답하지 못했다. 나도 영화를 볼 때 솔직히 이해가 되지 않았었다. 선배는 영화에서는 자세히 묘사되지 않은 부분이라며 이렇게 말했다.

"피하려 해도 피할 수 없다는 것이 확실해지면 사람은 가만히 있지 않아요. 이를테면 물이 무서워서 평소에 수영을 배우지 않은 사람이 물에 빠졌을 때, 어쩔 수 없이 죽겠구나 하고 가만히 있을까요, 아니면 자기 힘으로 빠져나오려 할까요?"

나를 비롯한 많은 아이들이 대답 대신 말없이 고개를 끄덕였다.

"막연히 두려워하던 상황이 실제로 닥치면 성공하든 실패하든 뭐라도 해 봐야겠다는 마음이 들기 마련이에요. 두려움을 아예 느끼지 않는 게 아니라, 두려우니까 더 빨리 다른 것을 시도

하려고 움직이게 되는 겁니다. 이것이 다른 사람들 눈에는 갑자기 용기를 발휘하는 것처럼 보이지만요. 여러분이 도전하고자 하는 용기를 얻고 싶다면 막연히 미래를 기대하기보다는 현실의 어려움을 정확히 보시기 바랍니다."

＊ 44쪽에 나오는 편집장의 강연은 실제로 전성원 님이 『황해문화』 편집장이 되기 전에 후배들에게 교훈으로 주었던 일화(사계절출판사 판 『데미안』의 해설에서 소개함)를 원용한 것입니다.

나에게 좋은 인생을 위해

양수정과 신규식 학생은 모두 새로운 일에 도전하려 하고 있다. 부모님 눈에는 둘 다 구체적이지 않고 무모해 보인다. 그런데 중요한 차이가 있다. 양수정은 도전의 출발점이 '타인과의 비교'다. 반면 신규식은 '자신에게 의미 있는 것'을 찾고 있다. 겉보기에 뭔가를 적극적으로 하려는 것은 똑같지만 이 차이는 아주 크다.

양수정은 남보다 잘되기 위해 자신을 다그치고 있다. 이렇게 타인과 비교하고 도전하는 사람은 번번이 숙제를 받는 듯한 부담감을 안고 도전하게 된다. 세상에는 비교할 사람이 많고, 자신보다 더 많은 것을 이룬 사람이 많기 때문이다. 열심히 공부해서 대학에 가더라도 자기보다 '더 좋은 대학'에 간 사람을 보며 좌절할 것이다. 그 좋은 대학에 편입한다 해도 더 일찍 졸업해서 사회에 진출한 사람과 비교하며 다시 좌절할 것이다. 또한 사회에 진출해도 더 많은 연봉을 받는 사람과 비교할 것이다.

비교의 끝은 결국 포기로 이어진다. 화제의 인물들을 부러워하면서도 자기는 노력해 봤자 소용없을 거라며 미리 선을 긋고, 적당히 분주한 척하면서 현 상태를 유지한다.

심리학자들은 사람들이 타인과의 비교에서 벗어나지 못하는 이유를 '좋은 인상'에 대한 강박에서 찾는다. 다른 사람들이 나를 평가할 때는 겉으로 드러나는 것을 기준으로 할 테니, 좋은 인상을 주려면 세상 사람들이 관심을 기울이는 분야에서 잘해야 한다는 생각으로 자신을 내몬다. 그러나 '남에게 좋은 인상'보다 '나에게 좋은 인생'이 더 중요하다는 사실을 잊지 말아야 한다.

신규식은 자신에게 의미 있는 것을 기준으로 삼고 있다. 굳이 비교 대상을 꼽자면 생각이 변하기 전인 '과거의 나'와 변화된 '미래의 나'다. 신규식도 도전을 구체화하는 과정에서 수없이 계획을 수정하게 될 것이다. 그러나 타인과 비교하면서 그때그때 자신의 도전 내용을 바꾸다가 갑자기 미국행까지 고려한 양수정과는 다를 것이다. 판단의 기준이 되는 자신의 정체성이나 성향은 쉽게 바뀌지 않기 때문이다.

무엇에 도전하려면 자신의 기준이 명확해야 한다. 그렇지 않으면 타인의 영향력에 휩쓸리게 된다. 자기가 별로 먹고 싶지 않은 것을 먹고, 마음에 들지 않는 옷을 사고, 다른 사람이 좋다고 하는 학원에 다니는 데 그치는 것이 아니라 자기가 나아갈 방향까지도 진정 원하는 것이 아닌 것으로 정하게 될 수 있다. 도전이 우리가 원하는 곳으로 가게 하는 자동차라면, 그 운전대는 당연히 자기 자신이 잡아야 한다. 그 운전대를 남에게 넘기면 엉뚱한 곳으로 가게 될 확률이 높다. 열정이라는 연료를 아무리 많이 써도 말이다.

3
뭘 해야 할까?

. . .

진로 체험의 날 행사 이후 생각이 많아졌다. 그리고 질문도 많아졌다. 그러나 답은 찾지 못했다. 나는 평소 찾지 않던 서점도 들러 봤다. 20대 CEO, 학자, 위인전, 종교인들은 저마다 다른 말을 하고 있었다. 어떤 사람은 무엇이든 치열하게 도전하라 하고, 어떤 사람은 많은 정보를 모아서 최적의 경로를 선택해야 한다 말하고, 또 어떤 사람은 욕심을 버리고 현재에 만족하며 살라고 했다. 전부 크게 인정받는 사람들이 한 말이어서 어느 하나 무시하기가 힘들었다.

학교 공부는 참고서를 매뉴얼 삼아 노력하면 답을 맞혀 가는 재미가 있어서 좋았다. 그런데 강연한 선배들의 말을 매뉴얼로 삼으니 노력하면 할수록 더 깊은 안개 속으로 빠지는 것 같았다. 차라리 아무것도 모르고 공부만 하던 예전이 더 좋았다는 생각마저 들 때가 있었다. PD 선배는 이런 내 모습을 예상이나 한 것처럼 강연 도중 이렇게 말했다.

"공부 못하는 학생은 자기가 1등을 하면 무지 행복할 것처럼 생각합니다. 그렇지만 막상 1등에게 물어보면 그렇지 않다는 대답을 들을 겁니다. 공부를 잘하는 학생은 겉으로는 뭔가 열심히 하는 것으로 보이지요. 하지만 진짜 자기 꿈이 무엇인지 모른 채 발버둥 치는 것에 더 가까울 수 있습니다. 즉 진정한 도전을 하는 대신 그저 열심히 공부를 하는 것입니다. 다른 친구들이 게임이나 폭력, 이성에 빠지는 것처럼 말이죠. 그런 것들이 진정 좋아서가 아니에요. 다만 더 큰 괴로움에서 벗어나려고 그럴 뿐입니다."

잠깐이었지만 선배가 '1등'을 말할 때 아이들의 시선이 내게 집중되었다. 순간 나는 발가벗겨진 것 같아 얼굴이 홧홧 달아올랐다.

"유명 연예인이 무슨 실수라도 하면 인터넷상에 열심히 악성 댓글을 달면서 정작 자기는 뭔가를 제대로 시도해 본 적도 없는 악플러처럼 시간을 낭비해서는 안 됩니다. 절망을 피하기 위해서가 아니라 희망을 찾기 위해서 움직여야 하고, 완벽하지 않은 사람을 욕하거나 자신이 완벽하지 못할 것 같아 두려워서 피하지 말아야 합니다. 지금보다 조금이라도 나아지려고 움직여야 합니다."

나는 고개를 숙였다가, 그러고 있으면 내가 그런 1등임을 순순히 인정하는 것 같다는 생각에 용기를 내어 고개를 들었다. 이미 악플러 이야기가 나왔는데도 여전히 나를 보며 히죽거리는 신년이가 눈에 들어왔다. 어이가 없었다. 선배가 주로 모범생을 예로 들어 설명하긴 했지만, 남들이 뭘 하려고 할 때마다 번번이 삐딱하게 말하는 신년이야말로 선배가 말한 부정적인 사례에 딱 들어맞는다는 생각이 들었다.

PD 선배의 말처럼, 솔직히 나는 행복하지 않았다. 아이들 앞에서 그렇게 말하면 재수 없다는 말을 들을까 봐 짐짓 숨겼지만 말이다. 1등을 해도 행복하지 않다면, 남들이 부러워하는 대학에 가고 직업을 구해도 행복하지 않을 수 있다는 생각에 늘 불안했다. 그래서 그런 과정을 미리 겪었을 PD 선배가 온다는 강연회가 더 반가웠는지 몰랐다. 어쩌면 불안을 떨치고 싶은 단순한 생각에 "그저 열심히 하면 잘될 거야."라는 말이 나오기를 기대했는지 모른다. 그런데 "그냥 열심히만 하면 잘 안 될 거야."라는 말에 나는 한 대 호되게 맞은 기분이 들었다. 시간이 갈수록 충격은 더 커졌다. 책을 봐도 내용이 눈에 들어오지 않았다. 다시 공부만 하는 것은 비겁하게 느껴졌다.

그래도 시간이 갈수록 희미하게 변화가 생겼다. 그냥 내가 좋아하는 거라도 해 봐야 하지 않을까 생각했다. 문제는 내가 공부 말고 좋아하는 것을 찾아본 적이 없다는 거였다. 나는 내가 과연 무얼 좋아하는지 알고 싶어 이것저것 살펴보았다.

엄마 눈에는 그게 방황이나 반항처럼 보였나 보다. 이런 상태가 열흘쯤 이어지자 엄마는 펀드 매니저로 성공해서 돈을 많이

번 외삼촌에게 나를 한번 설득해 보라고 부탁했다. 그러나 외삼촌은 이런 말을 했다.

"어차피 국제적으로 무한 경쟁하는 시대에 여기서 발발거린 나고 해서 차이가 나는 것도 아니에요. 우리 회사만 해도 외국 명문대 나온 애들로 넘쳐나는데, 얘들 취업할 때면 국내 대학 나와서 경쟁이 되겠어요? 규식이가 지쳐서 그런 것 같으니까 그냥 좀 쉽게 하다가 차라리 외국으로 보내요."

외삼촌 말은 대학 관문 대신에 취업 관문이라는 것만 다를 뿐, 정글 같은 세상에서 낙오자 무리에 끼지 않기 위해 노력해야 한다는 맥락은 엄마와 똑같았다. 그것은 유치원 때부터 고등학교 때까지 줄곧 들어 온 어른들의 논리였다. 그 논리대로 나는 어릴 때부터 낙오자 무리에 속하지 않으려 최선을 다했다. 그리고 성적도 꾸준히 최상위를 지켰다. 그래도 마음이 놓이지 않았다. 언제라도 나락으로 떨어질 수 있으며 그것으로 인생은 끝이라는 '협박'을 늘 들어야 했다. 행복하지 않았다. 답답하기만 했다.

어른들이 현실이라며 말하는 것들을 현실에서는 찾을 수 없었다. 공부 잘한다고 해서 취직이 잘되는 게 아니라는 사실은 수능 고득점자도 면접에서 떨어지는 현실로 확인할 수 있었다. 남들이 부러워하는 대학에 갔다고 사회에 척척 진출하는 건 아니라는 사실은 인터넷에서 각 대학 취업률을 검색하여 쉽게 확인할 수 있고, 돈 많이 버는 직장에 취업했다고 행복해지는 게 아니라는 사실은 친척이나 주변 어른들 표정만 봐도 알 수 있었다. 내가 가려던 길이 행복과는 거리가 멀 수 있다는 생각이 들자 정이 뚝 떨어졌다.

이제 내게는 점점 새로운 목소리가 들리고 새로운 것이 보였다. 한편으로는 불안했지만 다른 한편으로는 신기하고 신이 났다. 이런 복잡한 기분을 전하고 싶었다. 그러나 엄마와 외삼촌은 그런 나를 전혀 이해하지 못했다.

나는 엄마나 외삼촌이 말하듯 돈 많이 벌어 멋있어 보이는 것 말고, 나 자신이 행복한 일을 하고 싶었다. 그냥 부러운 사람이 된다는 것은 싫었다. 지금도 성적이 좋아서 아이들이 부러워하지만 정작 나는 행복하지 않으니까. 그래, 정말 멋진 일을 해서 나 자신도 만족하고 싶다. 이런 마음은 날이 갈수록 커졌다.

나는 다른 사람들이 부러워하는 것이 아니라, 나에게 의미 있는 것을 찾고 싶었다. 엄마와 외삼촌은 그런 나의 행동을 괜한 짓이라고, 무모한 일이라고 했다.

내가 뜻을 전혀 굽히지 않자 외삼촌은 엄마에게 위로의 말을 건넸다.

"누나, 어차피 한번은 반항하게 되어 있어. 고3이나 20대 중반, 30대에 반항하는 것보다 차라리 지금 반항하는 게 더 좋다고 생각해."

'어차피'라니? 내가 공부 대신 다른 것을 알아보려고 기웃거릴 줄은 나도 전혀 몰랐는데, 가끔 얼굴이나 보는 외삼촌이 어떻게 확신하는 걸까? 내 미래는 삼촌이 예측하는 주가 지수와 같은 것일까? 나는 그렇지 않기를 바랐다. 그렇다면 내 고민이나 선택과 상관없이 모든 게 이미 결정 난 것 같아 재미가 없었다.

나는 내가 갈 길을 직접 확인해 보고 싶었다. 결론이 '공부—대학—취업'으로 나온다고 해도, 내가 충분히 고민해서 선택한다면 더 열심히 할 수 있을 것 같았다. 내가 이렇게 말하자 엄마는 조금이나마 마음을 놓는 눈치였다.

며칠 뒤, 엄마가 얼음장처럼 차가운 목소리로 말했다.

"딱 한 달이야. 한 달을 유예 기간으로 줄 테니까, 하고 싶은 거하고 나서 예전으로 돌아와라. 아니, 예전보다 더 열심히 공부해야 해."

나는 심정이 복잡해졌다. 엄마는 아예 결과를 정해 놓고서 말했지만, 솔직히 나는 결과와 상관없이 뭔가 해 보고 싶었다. 막 6월로 접어든 때라 한가한 편이지만, 한 달쯤 뒤에는 기말고사가 있고, 그러고 나면 곧바로 여름 방학이다. 지금이 방학이라면 무엇이든 더 집중해서 할 수 있을 텐데 학교 다니면서 하고 싶은 걸 한다는 건 현실적으로 힘들다. 그렇지만 기말고사 전까지 한 달 동안 뭐든 해 봐야 한다.

★★

수정이가 며칠을 계속 졸라도 나는 거절했다. 겉으로는 엄격하게 대했지만, 속에서는 조금씩 허물어지고 있었다.

'수정이가 화나서 한 말이라지만 정말 아빠인 내가 돈이 많다면 시원하게 허락할 수도 있지 않았을까?'

설령 수정이가 실패한다 해도 왜 그렇게 하면 안 되는 것인지 몸소 겪고서 교훈을 얻을 테니 말이다. 나 또한 오지 체험을 해 본 적이 없으니 더 나이 들기 전에 이번 기회에 해 보면 좋지 않을까 싶기도 했다. 그러나 그렇게 떠나는 것이 올바른지 확신이 서지 않았다.

　신입 사원 채용 면접에 들어가서 만나는 응시자들을 보면 이력서와 자기소개서에 해외 연수는 기본이고 봉사활동이며 각양각색의 체험을 써 놓았다. 하지만 그렇게 많은 체험을 했어도 정말 도전 의식이 있거나 어떤 일에 창의적으로 대처하는 능력이 있는 사람은 드물었다. 질문해 보면 이력서에 쓴 내용이 참말인가 싶을 정도로 생각들이 유치해서 면접관들을 어안이 벙벙하게 만들었다.

　이른바 스펙이 화려한 사람은 떨어지고 기본에 충실한 사람이 합격하는 경우가 더 많았다. 이런 현실을 생각하면, 수정이가 좀 별난 외국 여행을 하고 온다고 해서 대입 면접에 유리할 것 같지 않았다. 제대로 된 자세를 갖추고 철저하게 준비해서 도전해야 얻는 것이 있지 않을까? 그러나 수정이는 그런 내 조언을 철저한 거절이라고 여기는 듯했다.

　"공부해도 성적은 잘 안 오르고, 오죽 답답하면 저렇게 해 보겠다고 나서겠어요?"

　아내가 이렇게 말하는 것을 듣고 고민도 했다. 그러나 뾰족한 수가 나오지 않았다. 평소에도 잘해 주고 싶다고 말은 많이 하지만, 내가 해 주는 것이 수정이가 잘되는 데 실제로 얼마나 도움이 되는지는 모르겠다. 아내와 함께 아이의 미래를 생각하면 그저 불안하기만 하다. 무조건 공부만 시키지 말고 다양한 경험을 하게 해 주라는데, 학교에 절대적으로 매여 있는 시간이 많은 아이들에게 어떤 경험을 어떻게 하게 해 주라는 건지 알 수 없어 답답하다.

★★

노트를 사서 겉장에 '신규식의 도전 일기'라고 적었다. 그동안 내가 공부해 온 것이 성적표의 점수로 남았다면, 앞으로는 내가 도전하는 과정을 이 노트에 기록으로 남기고 싶었다. 하지만 노트를 펼쳐 백지를 보니 막막해서 한숨이 나왔다. 다시 펜을 들었지만 쓸 게 없었다.

어떻게 하면 후회 없는 멋진 도전이 될 수 있을까를 생각하며 쓰려 하니 머리가 굳어 버렸다. 그래도 오늘은 첫날이니까 뭐라도 적고 싶은 마음이 굴뚝같았다. 오늘 하지 않으면 밀린 숙제처럼 내일은 더 부담스러워질 것 같았다. 정 이상하면 찢어 버리면 된다고 스스로 다독이며 머릿속에 떠오르는 것을 낙서하듯이 적었다. 못난 나를 꾸짖는 말도 쓰고, 지금 이게 뭐 하는 짓이냐고도 썼다. 그러다가 "내가 하고 싶은 것은?"이라고 쓰자 손이 멈췄다. 하지만 머릿속으로는 더 많은 생각이 밀려왔다.

PD 선배가 이야기한 것처럼 가슴이 뛰고 열정이 느껴지는 일에 도전하고 싶었다. 그렇지만 문제집 풀이 말고는 경험이 별로 없는 나에게는 뜬구름처럼 느껴졌다. 그래도 일단 새로운 경험을 쌓아 보자는 생각은 들었다.

"아, 뭐가 좋을까?" 하는 말을 반복하며 인터넷을 검색했다. '청소년 도전'이라고 검색어를 치자 각종 체험 프로그램이 나왔다. 해외 배낭여행 프로그램도 나왔다. 그런데 비용이 만만치 않아 엄마에게 씨알도 먹히지 않을 것 같았다. 정부 관련 기관에서 모집하는 해외 봉사 활동 프로그램도 있었다. 꼼꼼히 살펴보니,

편도 항공권 요금과 체재비는 내가 부담해야 했다. 그래도 오는 항공권은 무료여서 도전해 볼까 싶었다. 국가 기관에서 인증해 주는 프로그램이라 학생기록부 내용을 채우거나 면접할 때 큰 도움이 될 거라는 댓글이 눈에 들어왔다. 이 정도면 엄마를 설득하기는 좋을 듯했지만, 정말 해 보고 싶은 마음은 들지 않았다.

나는 좀 더 독특한 것을 찾아 '청소년 무모한 도전'을 검색어로 넣었다. '청소년'과 '무모한'이라는 말이 들어간 사건 사고 기사가 나왔다. 검색 페이지를 넘기자 청소년이 직접 찍은 '청소년 인권 영화'와 관련한 인터뷰 기사가 있었다.

"이 영화는 스스로 '정상적인 것'에서 벗어나 있다고 여기며 남에게 말하지 못하는 비밀을 간직한 여러 청소년들의 문제를 다룹니다. 편견 없이 이야기를 들어 본다는 것에 큰 의의가 있다고 생각하고 찍었습니다."

나는 내 의지와 상관없이 아버지 없이 살게 된 사연도 인권 영화에 나온 고백 속에 포함될 수 있을까 잠시 생각해 보았다. 국내와 해외를 가리지 않고 출장이 잦았던 아빠는 어느 날 갑자기 엄마에게 이혼을 통보했다. 그때부터 엄마와 아빠는 나를 짐처럼 취급했다. 서로 차지하고 싶은 보물이 아니라, 가라앉는 가정이라는 배에서 살기 위해 얼른 내던져야 하는 짐. 마침내 아빠는 양육비를 주기로 약속하고 엄마에게 나를 떠맡긴 뒤 다른 여자와 재혼했다.

아빠와 살가운 시간을 보낸 기억은 없지만, 아빠가 집에서 완전히 사라진 것은 중학교 3학년이던 나에게 큰 충격을 주었다. 그 뒤로 나는 당연히 누릴 수 있다고 생각한 많은 것을 포기하는 연습을 해야 했다. 아빠라는 단어부터 쓰지 않기 시작했다. 그리고 가능하면 집에서 보내는 시간을 줄였다. 이런 일들이 떠오르자 머리가 띵해져서 고개를 가로저었다.

심호흡을 하고 다시 집중해서 기사를 보았다. 영화를 제작한 청소년들은 중학교 국어 교과서에 실린 영화 〈시선 1318〉의 시나리오를 보고 자신들이 직접 이야기를 찍기로 결심했다는 내용이 나왔다. 나도 중학교 때 같은 교과서로 그 작품을 공부했다. 그러나 시험 성적을 위해 내용을 파악했을 뿐, 그 아이들처럼 발로 뛰며 뭔가를 직접 찍을 생각은 전혀 못 했다.

"내가 정말 좋아하는 건데 왜 지금 당장 도전하면 안 되는 거지요? 좋아하는 음식은 되도록 먼저 챙겨 먹으려고 하면서 말예요."

인터뷰한 어느 학생의 말은 내 가슴에 한 방을 먹였다. 내가 모든 것을 대학에 진학한 다음으로 미루고 있는 사이 그 아이들은 다른 생각을 하면서 움직였다. 나도 그 아이들처럼 움직이고 싶었다. 우선 필요한 물품을 떠올려 봤다. 촬영은 스마트폰이나 집에 있는 디지털 비디오카메라를 이용하면 될 것 같았다. 그러나 편집은 한 번도 해 본 적이 없어서 조금 두려웠다. 시나리오도 써 본 적이 없었다. 하나둘, 내가 못하는 일들이 잇달아 머릿속에 떠올랐다.

'그래서 그 아이들이 혼자서 하지 않고 팀으로 움직였구나.'

나는 먼저 같이 해 볼 만한 아이들을 알아보고, 정 안 되면 내가 배워서라도 하고 싶었다. 엄마한테는 수시 전형에 큰 도움이 될 수행 과제를 할 거라고 하면 잘 넘어갈 것 같았다. 엄마가 알게 된다 해도 이번에는 꼭 하고 싶었다. 그간 막연하게 동경한 PD 라는 직업이 정말 나한테 맞는지 확인하고 싶었다. 그런데 어떻게 시작하면 좋을지 더 구체적으로 떠오르는 게 없어 답답했다.

아무 소득도 없이 하루가 지났다. 이러다가는 고민만 깊어질 뿐, 나아지는 게 전혀 없을 것 같았다. 나는 거울을 보고 눈에 힘을 주며 말했다.

"그래, 변하기로 했으니 지금까지의 나와는 다르게 움직이자. 이것저것 재지 말고 해 보는 거야."

★★

아빠가 철저하게 준비하라고 해서 나는 철저하게 좌절할 뻔했다. 다행히 카우치서핑을 알게 되어 관련 글을 검색했다. 두 달 동안 카우치서핑을 이용해서 유럽 전 지역을 다녔다는 여대생의 기사가 눈길을 끌었다. 카우치서핑을 이용하면 돈이 훨씬 적게 들어갈 것 같았다. 이 정도면 아빠를 설득할 수 있겠다 싶었다. 궁금해서 더 검색해 보니 전 세계 10만여 도시에 퍼져 있는 카우치서핑 회원 수가 약 700만 명이나 되었다. 주요 도시에서는 동호회처럼 축제를 열기까지 한다 했다. 카우치서핑에 관한 책도 우리나라에 나와 있었다.

"오케이! 컴 온!"

나는 당장 온라인 서점에 들어가 카우치서핑을 다룬 책을 주문했다.

아빠 말마따나 내가 철저하게 준비했다는 것을 증명함으로써 이번에는 큰 소리를 내지 않고 칭찬도 받고 적극적인 지원도 얻고 싶었다.

이틀 뒤 주문한 책을 받자마자 꼼꼼히 읽었다. 동남아시아 여러 나라를 거쳐 호주로 갔다가 터키로 건너가서 유럽까지 여행하고 왔다는 저자의 이야기를 읽으니 기대감이 새록새록 커졌다.

그런데 책을 읽을수록 오지 체험은 엄마 말대로 너무 힘들고 위험하며, 아빠 말대로 돈이 너무 많이 들어 문제라는 생각이 들었다. 무턱대고 덤빈 것이 후회되었다. 그렇지만 이제 저가 항공기를 탈 돈과 용기만 있으면 검증된 카우치서핑 회원이 있는 곳을 중심으로 세상 어디든 갈 수 있으니 다행이었다.

나는 당당한 눈빛으로 아빠와 엄마에게 내 계획을 이야기했다. 책을 보여 주면서 설명하자 확실히 지난번보다 효과가 좋았다.

전 세계를 누빈 저자의 모습과 세계의 풍경을 눈여겨본 엄마가 아빠 눈치를 보며 말했다.

"좋기는 한데, 너 혼자서 위험하지 않겠니?"

나는 거주지와 신분이 확실한 사람인지 확인한 다음에 여행객을 받을 수 있게 하는 카우치서핑의 시스템을 설명해 주었다. 엄마는 그런 시스템이라 해도 주인이 남자인 집은 절대 피해야 한다고 했다.

"남자는 다 늑대야. 늑대는 인간의 말로 잘 통제되지가 않는다니까. 외국 남자라고 다르겠니?"

눈치를 보니 내 안전을 위해서 엄마가 꼭 따라나서야 한다는 뜻 같았다. 집이 넓지 않아도 2명까지는 집주인이 재워 준다고 말하자 엄마 표정이 환해졌다. 이제 엄마와 나는 한편이었다. 아빠만 허락해 주면 된다.

그러나 아빠는 여전히 이렇게 말했다.

"순간적인 기분에 취하지 말고, 신중하게 생각해서 결정하자."

나는 발끈했다.

"아빠, 철저하게 준비하면 허락해 주겠다고 약속했잖아! 방학이 한 달밖에 안 남았는데, 어영부영 시간 보내다가 비행기 표 없어서 못 가면 어떡해?"

아빠는 입맛을 쩍쩍 다시다가 말했다.

"그래서 어디를 가겠다는 건데?"

나는 멈칫하며 엄마 눈치를 봤다. 엄마는 기대에 찬 눈빛으로 나를 바라보았다.

"당연히 유럽이지. 프랑스와 이탈리아랑 에스파냐는 꼭 갈 거야."

나는 유럽 남자 모델 사진을 보며 친구들과 이야기 나눴을 때처럼 흥분해서 말했다.

"숙소는 그렇다고 치고, 어느 나라에 가서 무얼 할 건지 아무 계획이 없잖아. 유럽에서는 영어가 잘 안 통하는데, 그 문제는 어떡하고?"

"영어가 잘 통한다 해도 어차피 우린 벙어리나 마찬가지인데, 뭐."

엄마와 나는 마주 보며 킥킥 웃었다. 그러나 마지막 말은 하지 말았어야 했다는 것을 아빠 표정을 보고 깨달았다.

아빠는 어디를 어떻게 보러 다닐지 구체적인 일정을 정한 다음에 이야기하자고 했다. 그리고 그 일정에 맞는 카우치서핑 회원의 주소와 연락처도 미리 확인해 봐야 한다고 말했다. 그 밖에도 자질구레한 준비 사항들이 꽤 있었다. 그렇지만 아빠는 그렇게 준비하면 비용에 관계없이 적극 지원해 주겠다고 약속했다.

방으로 돌아온 나는 기뻐서 환호성을 질렀다. 나 자신에게 고생했다고 위로해 주었다. 그리고 미려한테 전화를 걸기 전에 어떻게 말하면 미려의 속을 더 많이 긁어 놓을 수 있을까 머리를 굴렸다.

★★

나는 도전 일기에 적으면서 기획한 내용을 바탕으로 공고문을 작성해서 학교 정문 옆에다 붙였다.

청소년의
청소년에 의한
청소년을 위한 영화 만들기!

그동안 다뤄지지 않은 주제를
깊이 생각해 볼 수 있는 단편 영화를
직접 찍는 프로젝트를 진행하고자 합니다.
배우, 작가, 촬영, 편집 등 모든 부문이 열려 있습니다.
관심 있는 분은 namooseed@gmail.com으로 연락 주세요.

글자를 피라미드 모양으로 배치하는 세심함까지 발휘할 때만 해도 기분이 좋았다. 적어도 몇 명은 공고를 보고 연락할 줄 알았다. 그러나 치킨 광고지와 함께 누군가에 의해 무참히 찢어질 때까지 아무도 연락하지 않았다. 왜 그런 걸까 혼자 생각에 잠겨 있다가 답답한 마음에 불쑥 밖으로 말이 나와 버렸다.

"에이 씨, 두드리면 열린다더니 이게 뭐야?"

씩씩거리는 나를 보며 신년이가 심드렁하게 대답했다.

"네가 무슨 망토 입은 슈퍼 히어로냐? 문을 두드려야지, 벽을 두드리면 자기 손만 아픈 법이야."

나는 눈을 끔벅거리며 신년이를 보았다. 신년이는 특유의 무뚝뚝한 표정으로 나를 바라보았다. 언제나 비꼬기를 좋아하고 청개구리처럼 말하는 녀석의 한마디가 그날 내 귀에는 신 내린 족집게 무당의 조언처럼 들렸다. 그렇지만 나는 대수롭지 않은 척 넘겼다. 괜히 티를 내면 그것까지 비꼴 게 뻔했다.

신년이 말을 듣고 생각해 보니 학교 정문에 비공식적으로 공지하는 것은 문을 두드리는 게 아니었다. 내가 붙인 글은 광고 전단보다 못한 것일 수 있었다. 나도 정문에 붙어 있는 전단을 그냥 지나치던 사람 가운데 하나였으니 할 말이 없었다. 한시바삐 다른 방법을 시도할 필요가 있었다. 이러다가는 일주일을 아무 성과 없이 흘려보내게 생겼으니 말이다.

영화 찍는 것이 도전이 아니라, 함께 영화 찍을 사람을 구하는 일이 엄청난 도전 같았다. 지금 나에게는 내 부족한 점을 채워 줄 동료가 필요하다. 주변에 있는 친구들을 떠올려 봤다. 신년이는 재미있긴 하지만, 뭘 만들자고 할 때 긍정적으로 나설 것 같지는 않았다. 같은 학원에 다니던 이건준은 내가 학원을 그만

두자 부러워하면서도 한편으로는 나 때문에 자기가 흔들릴까 봐 두려운 듯 학교에서도 피했다. 아니면 이번 기회에 공부로 나를 이기려고 그러는 걸까? 아무튼 나를 도와줄 애는 아니었다.

공부하면서 가깝게 지낸 다른 아이들도 마찬가지였다. 친하다고 여겼던 아이들이지만 공부 이외의 것을 이야기하고 도움을 받는다는 게 생각보다 쉽지 않았다. 평소 친하지 않던 아이들한테는 말을 붙였다가 오해를 받아 가슴이 아프기도 했다.

"너는 성적이 좋으니까 수시로 대학 가려고 이런 일까지 해서 스펙을 쌓는 여유도 있고 좋겠다. 하지만 우리는 기본 등급 맞추는 공부조차 숨이 벅차다고. 우리한테 엄친아 코스프레는 사치야."

잘난 체하거나 수시에 활용할 수행 실적을 쌓으려고 영화를 찍자는 게 아니었다. 내가 하고 싶은 일을 해 보면서 내 적성을 확인하고 싶었던 것이다. 그런데 아이들은 나에게 벽을 쌓고 있는 듯했다.

어떻게 할지 몰라 답답해서 지난번 진로 체험의 날 행사를 기획한 문병수 선생님을 찾아갔다.

★★

규식이가 진로 체험의 날 행사 이후 부쩍 달라져서 보람이 있다. 그 행사가 끝난 뒤 일부 학부모들의 항의를 받기는 했지만, 몇몇 아이들의 눈빛이 바뀐 것을 보며 이게 맞는 길이라는 생각으로 힘들어도 버티고 있었다. 그런데 오늘 상담하러 온 규식이는 표정이 어두웠다.

가만히 규식이의 이야기를 들어 보니 멋진 기획이었다. 다만 규식이와 성향이 같은 아이가 아니고서는 선뜻 나서기 힘들 정도로 진지했다. 더구나 모범생으로 소문난 녀석이 나서니 다들 기가 죽거나 편견이 작용했을 것 같았다.

나는 이렇게 조언했다.

"가볍게 움직여 봐."

"안 그래도 가볍게 공고부터 낸 건데요."

"아니, 움직임을 가볍게 하라고."

규식이는 고개를 갸웃거렸다.

"멋있게 보이려고 어려운 말 쓰지 말고, 재미있게 함께할 만한 놀거리가 있는 것처럼 해 봐. 학교 선생님들을 한번 떠올려 봐. 가르치는 방법은 제각각이지 않니? 네가 공지했던 것처럼 진지하게 가르치는 분도 있어. 그렇지만 똑같은 내용을 재미있게 가르치는 분도 있잖아? 그런 선생님이 유익함을 먼저 강조하든, 아니면 재미를 먼저 강조하든?"

"재미요."

"그래, 바로 유머와 재치를 발휘해 봐."

규식이는 자신 없는 표정을 지었다.

"네 주변에 웃기는 애 없니?"

규식이는 신년이가 웃기긴 하지만 자기 취지에 공감할 애가 아니라서 꺼려진다고 말했다. 그 말에 나는 그만 웃음이 터지고 말았다.

"규식아, 너는 지금 모임을 만들려고 하잖아. 그런데 만들기도

전에 아이들을 잘라 내기부터 하면 그 모임이 제대로 만들어질 수 있을까?"

규식이는 "아하!" 소리를 냈다.

"아, 참! 정 힘들면 내가 도와줄게. 내가 한 유머 하니까 말야."

그러자 규식이는 "선생님, 정말 농담도 잘하시네요."라고 하며 교무실을 나갔다.

나중에 후회할까 봐?

나중에 후회하지 않기 위해 도전해 본다는 사람들이 있다. 그렇지만 후회라는 감정 상태를 피하는 데 중점을 두면 오히려 무모한 행동을 하기 쉽다. 또한 그렇게 원칙 없이 접근하면 시행착오의 교훈을 얻는 것조차 힘들다.

'후회 이론'에 따르면 사람들은 자신의 실수를 확인시켜 주는 행동을 피하고 싶어 한다. 더 의미 있고 성과가 큰 길이 있더라도, 후회할 확률이 적은 길로 가려 한다. 그래서 관행을 따라 팍팍한 삶을 살거나, 자기 특성을 진지하게 고민하기보다는 다른 사람들의 성공 사례를 따라 실수를 최소화하면서 나아가려 한다. 보험 회사는 후회하지 않으려는 사람들의 심리를 이용한다. 발생할 확률이 높지 않은 사건이나 병까지 걱정하게 함으로써 상품을 사게끔 부추기는 것이다.

그런데 후회하는 모습을 잘 살펴보면 시간에 따라 상태가 달라진다는 것을 알 수 있다. 단기적으로는 "내가 그때 그 사람에게 화를 내지 않고 잘 대했다면…….", "시험 전날 놀지 말고 공부할걸." 하는 식으로 구체적인 행동을 후회한다. 그러나 장기적으로는 "초등학교 때 외국에 갔다면…….", "할아버지께서 돌아가시기 전에 잘해 드릴걸 그랬어." 하는 식으로 후회한다. 즉 내용이 두루뭉술하고 추상적이다.

후회는 보통 과거의 경험을 두고 이루어진다. 그런데 나중에 후회하게 될 것을 미리 걱정하는 '사전 후회'도 있다. 이 사전 후회는 장기적인 관점에서 후회하는 것과 마찬가지 모습으로 나타난다. 장기적인 관점은 예측과 통제가 불가능하기 때문에 추상적으로 대응하게 된다.

도전을 대할 때도 단기적인 관점으로 보면 현재 상태보다 더 좋아질 수 있는 구체적인 일이 잘 보인다. 그러나 장기적인 관점에서는 "이 일이 정말 어떤 의미를 지닐 수 있을까?"라면서 그 가치가 작아지는 것처럼 느끼거나 추상적으로 보여 막막해하기 쉽다.

누구든 실패해서 후회할 가능성이 있다. 그 가능성을 무시하면 안 된다. 그렇지만 나중에 후회할 가능성을 너무 크게 보면 도전 자체를 피하게 된다. 그러면 어떻게 하는 것이 좋을까?

걱정하던 일을 실제로 경험한 경우와 그것을 상상하는 경우는 분명 차이가 있다. 후회의 감정은 상상력을 발휘한 쪽이 더 크게 느낀다. 예컨대 기차를 놓친 경우를 생각해 보자. 미국의 대니얼 길버트(Daniel Gilbert) 박사가 실시한 심리학 실험에 따르면, 기차를 놓친 상황을 단순히 상상만 한 사람들은 "아, 내가 좀 더 일찍 일어났으면 기차를 탔을 텐데."라면서 전적으로 자기 탓으로 돌렸다. 이에 견주어 실제로 기차를 놓친 사람들은 "어럽쇼, 오늘따라 기차가 왜 빨리 떠나지."라고 하거나 기차의 배차 간격 또는 도로 사정 등 다른 원인 탓으로 돌렸다.

뭔가를 하지 않아서 후회할 것 같다거나, 혹시라도 실패하면 나 자신을 더 미워하게 될 거라고 생각하는 것은 상상이 만들어 낸 거짓일 수 있다. 도전이란 머리가 만들어 내는 거짓을 따라서 움직이는 것이 아니라, 자신의 가슴속 열정이 말해 주는 진실을 따라 움직이는 것이다.

4
구겨진 수정 장군 원정 계획

늦은 밤, 나는 목소리를 가다듬은 뒤 미려에게 전화를 걸었다. 미려는 지친 목소리로 전화를 받았다. 나는 괜히 짜증나는 척 말했다.

"아이, 복잡해. 뭐가 이렇게 준비할 게 많니?"

미려는 무슨 일 때문에 그러느냐고 물었다. 나는 여름 방학 때 유럽을 일주할 예정이라고 했다. 그러자 미려의 목소리에 생기가 돌았다.

"정말? 어디 어디? 어디 갈 건데?"

"일단 프랑스, 이탈리아, 에스파냐 찍고 나서 영국이나 독일

등 마음에 드는 곳을 다니려고 하는데, 워낙 볼거리가 많아서 계획 세우기가 힘들어. 네가 좀 도와줄래?"

"우아, 정말 좋겠다. 나는 우리 반이 에스파냐어과니까 당연히 유럽으로 가서 에스파냐부터 돌아볼 줄 알았는데, 아이들이 라틴아메리카로 가자고 해서 짜증이 나. 유럽은 벌써 가 봤다나? 지들이 가 봤으면 얼마나 갔니? 우리 학교 애들은 아무렇지도 않게 잘난 체해서 정말 싫어."

나는 미려에게 너도 마찬가지라고 말하고 싶었지만, 그냥 우아하게 끝을 올려 말했다.

"정말 그렇지?"

나는 일부러 더 투정을 부렸다. 미려 목소리에서 점점 나를 부러워하는 기색이 느껴졌다. 그럴수록 나는 속으로 회심의 미소를 지었다. 미려가 나한테 자기 고민을 이야기할 때 이런 기분이었겠구나 싶어 통쾌했다.

"미려야, 너도 우리랑 같이 가면 좋겠는데 어쩌니?"

"우리? 누구누구 가는데? 내가 아는 사람 있어?"

나는 거기서 기분 좋게 통화를 멈췄어야 했다. 그러나 신이 나서 멈추지 못한 내 입에서 한마디가 톡 튀어나왔다.

"엄마랑."

"엄마?"

"……."

내 침묵을 깨고 미려는 목소리를 높여 말했다.

"난 또……. 너희도 우리처럼 조를 짜서 가는 건 줄 알았잖아. 뭐야, 미니 수학여행이 아니라 효도 관광이었어?"

미려가 특히 힘을 줘서 말한 '우리'와 '너희'라는 단어가 귀에 거슬렸다. 그리고 가장 큰 결정타는 '효도 관광'이었다. 엄마 여행에 내가 따라가는 게 아니라, 내가 계획한 여행에 엄마가 따라가는 거라는 점을 분명히 말했나. 그러자 미려는 삐딱하게 말했다.

"왜 엄마가 따라가? 요즘엔 초등학생 소풍에도 엄마가 안 따라가는데."

유럽이 근처 동네냐고 대거리를 하려다가 다른 말을 했다.

"아빠가 카우치서핑이 걱정된다고 해서 그렇게 된 거야."

나는 미려가 카우치서핑이 뭔지 모르면 설명해 주는 것으로 반격할 작정이었다. 그러나 안타깝게도, 아니 싱겁게도 미려는 다음과 같이 말했다.

"아, 맞아. 우리 학교에서도 카우치서핑 조심하라는 안내문을 나눠 줬어."

"조심? 왜?"

내가 오히려 미려에게 물어보았다. 미려는 약간 뚱한 듯이, 그러나 속으로는 신이 나서 자기가 아는 것을 늘어놓고 있다는 게 느껴지는 목소리로 말했다.

"외국 남자 회원들 중에 간혹 나쁜 사람도 있대. 특히 동양 여자를 우습게 보고 달려드는 경우도 있으니까 꼭 확인하고, 연락처를 한국 가족에게 미리 보내서 수시로 안전을 확인하도록 해야 한대. 그래야 나쁜 마음을 먹었다가도 그만두게 되니까. 이왕이면 여자 회원이나 가족이 여럿 있는 집, 아니면 예전에 선배들이 이용했던 검증된 곳을 알아보라 그러더라고."

'아, 여기서 또 차이가 나는군.'

나는 좌절했다. 이번만큼은 정말 참신하다고 생각했는데, 미려는 이미 알고 있었을 뿐만 아니라 선배들도 벌써 많이 이용했다는 게 아닌가. 나는 들떴던 마음이 풀썩 내려앉았다.

미려는 내게 조언까지 해 주었다.

"적당한 회원이 없는 도시에서는 한인 민박을 이용하는 것도 좋아. 인터넷이나 책에는 나오지 않은 현지 정보도 얻을 수 있거든. 우리는 그러기로 했어."

안전 때문에 엄마와 함께 가기로 했다고 말한 내가 바보처럼 느껴졌다. 그냥 전화를 끊으려는데 미려가 덧붙였다.

"엄마랑 가지 말고 친구들이랑 가. 친구들이랑 에스파냐에 가면 재미있게 놀 수 있을 텐데 아쉽다. 생각만 해도 멋지지 않니?"

나는 한숨을 폭 내쉬었다. 미려도 한숨을 내쉬었다.

"그래도 정말 부럽다. 유럽이라니."

나는 나중에 통화하자며 전화를 끊었다. 방에 가만히 있자니 화가 났다. 미려가 여름 방학에 해외로 간다고 한 말을 들었을 때보다 더 화가 치밀었다. 나는 전화기를 집어 던지고 "아아악!" 비명을 질렀다. 그 소리에 엄마가 깜짝 놀라 뛰어왔다.

"왜 그래?"

나는 엄마와 함께 가는 초등학교 소풍 운운하던 미려의 말이 떠올라 엄마와 이야기하기도 싫었다. 나는 이불을 뒤집어썼다. 엄마는 친구랑 무슨 일이 있느냐, 학교에서 힘든 일 있느냐 등등 미주알고주알 물었다. '내가 그렇게 문제가 많은 애였나?' 하는 생각에 더 화가 났다.

잠시 뒤, 아빠가 들어오는 기척이 났다.

"수정아, 왜 그래?"

나는 대답 대신 이불 속에서 발길질만 했다. 아빠는 큰마음 먹고 해외여행을 허락해 줬는데 왜 그러느냐고 물었다. 그 말에 끝내 폭발하고 말았다.

"그딴 여행 안 갈 거야!"

잠시 정적이 흘렀다. 아빠는 깊은 숨을 들이쉬더니 조금 가라앉은 목소리로 말했다.

"왜 그러니? 아빠가 제대로 준비하라고 해서 스트레스 많이 받았어?"

아빠 목소리를 듣자 마음이 흔들렸다. 미려 때문에 화가 났는데 괜히 엄마와 아빠에게 화풀이를 하는 것 같아 민망했다. 그렇지만 좀처럼 화가 수그러들지 않았다. 아빠는 미안하다는 말을 했다. 나는 그 말이 듣기 싫어 말했다.

"나 같은 건 아무리 뛰어 봤자 벼룩일 뿐이라고."

★★

수정이 입에서 나온 말을 듣고 가슴이 아팠다. 내가 친구들을 만나면 푸념하던 것과 같은 말이었기 때문이다. 성공한 놈들은 계속 별 탈 없이 잘나가는 것 같고, 어떤 놈은 우연한 기회에 대박을 터뜨려 잘살기도 하는 것 같다. 그런데 나는 혹시나 하는 마음에 결국 휴지 조각이 될 복권이나 긁으면서 아등바등 살아도 결코 그들을 따라잡을 수 없는 세상인 것 같아 씁쓸했다.

꿈 많은 여고생에게서 중년 남자의 푸념을 듣다니. 내가 가장으로서 제대로 울타리가 되어 주지 못했다는 생각에 한숨이 절로 나왔다. 나는 수정이 방에서 나왔다. 아내는 따라 나올까 잠시 머뭇거리다가 도로 수정이 옆에 앉았다. 나는 애 좀 그냥 놔두라고 말하고는 거실로 갔다.

내가 느끼는 감정을 딸이 느끼게 하고 싶지 않았다. 나보다더 안정적으로 살게 하고 싶었다. 이래서 친구 놈들이 경제적으로 부담스러워 하면서도 자식들을 외국으로 보내나 싶었다.

그렇지만 지난달 고등학교 동창 모임에서 만난 김수현은 기러기 아빠 생활에 질렸다며 "우리 사회에 희망이 보이지 않는다는 것은 알지만, 웬만하면 외국 물 먹이지 말라."고 했다. 돈도 잃고 가족도 잃는다고. 하지만 그 녀석은 모른다. 여기에서 자식 키우는 것도 마찬가지라는 사실을. 딸의 매니저가 되어 버린 아내는 나에게 거의 신경을 쓰지 않아 멀게만 느껴지고, 나는 그저 아내와 딸에게 필요한 돈을 벌어다 주는 사람에 지나지 않는다는 기분이 들 때가 많았다.

동창들끼리 한잔하면서 깊은 속내를 털어놓던 것이 새삼 다시 떠올랐다.

"열심히는 살았는데 왜 이렇게 갈수록 불안한 거지?"

이런 이야기를 할 때는 고개가 저절로 푹 꺼져 버리는 것 같았다.

"위기를 견뎌 내도 다시 위기가 오니까 더 불안해지는 거 아니겠어? 문제가 사회적으로 해결되기를 기대할 수도 없고……. 그래서 더 악을 쓰며 독하게 살게 된 거잖아. 우리는 모두 이 시대와 사회의 피해자라니까. 그런데도 위로는커녕 더 열심히 뭔가를 내놓으라고 우리한테 계속 난리예요."

한 친구가 이렇게 말하자 다들 말없이 술잔을 비웠다. 학창 시절 책을 많이 읽었던 김정수는 씁쓸하게 말했다.

"야! 사회가 뭐 새롭게 열어 나갈 빈 구멍이 있어야 희망이 있지. 예전에는 기회를 제공했던 교육도 이제는 사교육 중심으로 돌아가서 부모의 경제력만큼 자녀의 성적이 올라가잖아. 게다가 육아며 건강, 노후까지 뭐든 개인적으로 해결해야 하니 다들 등골이 휠 수밖에. 아래로 떨어질까 봐 긴장하며 사니 항상 피곤한 거야. 그렇게 세상을 두려워하고 지친 모습으로 아이들한테는 열심히 하면 잘될 수 있다고 말로만 떠드니, 아이들이 믿겠어?"

등골이 오싹할 정도로 옳은 말이었다. 정수는 이야기를 이렇게 마무리했다.

"이건 뭐, 자기 계발이라는 게 먹고살기 위해 최악의 상황을 피하려는 방어책이 됐으니 신이 나지 않고 스트레스만 받는 거지. 젊은이들이 얼마나 힘들면 '아프니까 청춘이다'라는 말에 마음을 주겠어."

"에잇, 요즘 애들이 연약한 게 문제라니까."

기러기 아빠로 마음 약한 소리를 잘하는 수현이 삐딱하게 말했다. 그러나 아이들이 연약한 게 문제가 아니라, 정수 말대로 어른이 문제였다. 친구들과 함께했던 그날도 지금처럼 가슴이 미어질 듯 답답했다.

찬 바람이라도 쐬어야 좀 나아질 것 같았다. 현관문을 열고 밖으로 나가려는데 몇 달 전 수정이 중학교 졸업식 때 찍은 가족사진과 젊은 시절 아내와 연애할 때 찍은 사진이 눈에 들어왔다. 아내와 연애할 때만 해도 동화 같은 세상에서 살게 되리라 생각하지는 않았지만 나름 행복하게 살 거라 생각했다. 나이를 먹으면 삶의 지혜가 쌓여서 덜 불안해할 것 같았다.

'그래, 내가 젊었을 때는 안 그랬어. 막연하나마 뭔가 하면 잘 될 수 있다는 희망이 있었지.'

나는 사진을 보면서 생각을 곱씹었다. 계속 그러고 있었더니 마치 다른 사람이 내게 하는 말처럼 들렸다.

'맞아. 잘될 거라는 희망이 있었어.'

방에서 아내의 일방적인 이야기를 듣고 있을 수정이 모습이 떠올랐다.

'그런데 요즘 아이들은 해도 안 될 거라는 절망에 먼저 물 드는 것 같아.'

나 역시 처음에 수정이한테 철저히 준비해 보라면서 부정적으로 반응했으니 할 말이 없었다.

★★

엄마는 그런 일로 속이 상했다면 그냥 울지만 말고 내가 잘되려 노력하는 게 가장 큰 복수라고 했다. 엄마는 내가 미려보다 공부를 잘하게 유도하려고 그런 말을 했겠지만, 내 머릿속에는 다른 것이 떠올랐다. 이왕 복수하는 것 멋지게 하고 싶었다.

엄마에게는 미안하지만, 여행은 친구와 함께 떠나야겠다는 생각이 들었다. 만약 외국에 친척이 있는 친구와 함께 간다면 그

집을 방문해서 더 특별한 경험을 할 수 있을 것 같았다. 그러나 그런 사람이 꼭 구해지리라는 보장이 없다.

'아예 해외 펜팔로 친구를 사귀어서 그 지역에 가면 어떨까?'

나는 내 머리를 쓰다듬었다. 이것은 분명 미려도 생각하지 못하고 있을 거다. 유럽 아이들, 특히 외모와 마음이 모두 착한 남자애들과 펜팔을 한다면 더 약 올릴 수 있겠다 싶었다. 영어는 자신 없었지만, 그것은 문제가 되지 않았다. 일단 자기소개를 하고 몇 번 편지를 주고받는 정도가 되면 비행기 타고 휙 날아가면 될 것 같았다. 그다음에 정말 그 아이와 친해지면 더할 나위 없이 좋으니까. 히힛, 생각만 해도 기분이 좋아서 이런저런 상상의 나래를 펼쳤다.

이튿날, 엄마는 밝아진 내 모습에 기분 좋아했다. 그런 엄마한테 내 새로운 계획을 어떻게 말할까 살짝 두려웠지만, 미려 핑계를 대면 이해해 줄 것 같았다.

학교에 가서 혹시나 하는 마음에 아이들에게 내 계획을 말했다. 그렇게만 되면 정말 좋겠다고 맞장구치면서도 나와 함께 가겠다는 애들은 하나도 없었다. 유민이만 엉뚱한 얘기를 하면서 돈이 있으면 가겠다고 했다. 나는 이왕이면 공부도 잘하고 성격이 깔끔한 서시온 같은 아이가 함께 가면 좋겠다고 생각했다. 그러면 같은 모범생 부류인 미려에게 자랑할 만한 뭔가를 얻을 수 있을 것 같았다.

내가 같이 가자고 조르자 시온이가 말했다.

"네 말대로 저가 항공권 값만 있어도 된다고 쳐. 낯선 남자 집에 우르르 몰려가자고? 그 집에서 허락해 준대? 야, 꿈 깨라. 말이 되는 소리를 해야지. 우리 또래의 서양 남자애면 여자 친구도 여러 번 사귀어 봤을 거고……. 너 알지? 개네들이 얼마나 자유로운지."

유민이가 "맞아, 맞아." 하면서 시온이에게 맞장구쳤다. 특히 자유라는 말에 야릇한 느낌을 주려고 하는 모습이 얄미웠다. 그렇게 애쓰지 않아도 무슨 의미인지 나는 충분히 알고 있었다. 자유로운 거라면 지금 우리나라 애들도 만만치 않지만, 중요한 건 그게 아니었다. 시온이 말이 약간 재수 없기는 하지만, 카우치서핑에 대한 미려의 말처럼 옳은 지적이기는 했다.

나는 고민을 거듭했다. 다른 사람을 설득하려면 철저하게 준비해야 한다고 생각했다. 그래서 하나씩 메모했다. 내 도전의 메모였다. 그리고 그 메모를 바탕으로 공고문을 만들었다.

원래는 학교 홈페이지 게시판을 이용하려고 했다. 그런데 어느 날 정문에 보니 2학년 선배가 영화를 찍겠다는 내용의 공고를 붙여 놓았다. 그것은 너무 진지해서 딱 봐도 재미가 없었다. 그렇지만 여행은 다르지 않은가. 갑갑한 일상에 찌든 청소년이라면 재미있는 여행에 마음을 움직일 것 같았다. 나는 혹시나 내 여행 친구 모집 공지에 방해될까 싶어 그 선배의 공고문을 슬쩍 떼었다. 그리고 내가 했다는 걸 들키지 않도록 이틀을 기다렸다가 공고를 붙였다.

나는 희망자들이 바로 연락을 주리라 생각했다. 연락이 오긴 했다. 돈 많은 거 자랑하려고 그러느냐는 둥 악성 댓글 같은 이메일이 대부분이었다. 물론 간간이 질문 이메일도 있었는데, 답변해 준 다음에는 감감무소식이었다. 그 질문에 답변하느라 얼마나 정성을 기울였는데! 생각하면 화난다.

화를 더 돋운 것은 장난 이메일이었다. 네덜란드로 갈 수도 있느냐는 질문에 대답해 주느라 항공권 값과 숙박료 따위를 계산해서 보냈더니, 뉴질랜드도 함께 살 수 있느냐고 또 물었다. 유럽이라니까, 유럽! 바보들, 공부 좀 하라고 답장하려다가 혹시 정말 가고 싶은데 아무것도 모르는 희망자일 수도 있다는 생각이 들었다. 그래서 세계 지도 사진에 유럽과 뉴질랜드를 표시해서 보내 주기까지 했는데, 역시나 그 뒤로 답변은 없었다.

뭔가 해 보려는데 도와주는 사람보다는 딴죽을 거는 사람이 더 많은 세상 같았다. 난 왜 이렇게 힘들게 가야만 하는 것인지 속상했다. 내 노력의 성과들은 족족 블랙홀에 빠져 들어가 자취도 없이 사라지는 것 같았다.

정문에 붙인 공고도 사라졌다. 그 자리에는 비공식적인 홍보는 더 이상 허용되지 않으니, 진로 부장님과 상의한 뒤 학교 홈페이지와 공지 게시판을 이용하라는 안내 문구가 붙어 있었다.

"젠장! 역시 난 뭘 해도 안 돼."

그리고 며칠 뒤 다른 공고가 붙었다. 훨씬 크게. 그리고 학교 홈페이지에도 같은 내용의 공지가 올라왔다. 처음에는 그냥 어이가 없는 정도였지만 생각할수록 기분이 나빴다.

"내 공지는 떼고 모범생 선배의 공지는 선생님까지 나서서 지원해 준다니, 진짜 웃겨."

말은 웃기다고 했지만 웃을 수 없었다. 떠오르는 장면이 있었다. 나 같은 아이의 치마 길이는 엄격하게 단속하면서 모범생 여자애한테는 말로만 주의를 주거나 심지어 좋아 보인다고 칭찬까지 하는 것과 뭐가 다른가. 모범생들은 학교에서 벼슬이라도 얻은 것처럼 행동하고 만능열쇠라도 가진 것처럼 뭐든지 척척 연다. 그렇지만 나 같은 아이들에게는 문을 열 열쇠가 없으니, 문도 벽처럼 느껴진다.

'에이 씨, 내가 더러워서 공부한다. 그리고 그 전에 이번 일부터 해결해 주마. 다 덤벼. 미련든 모범생 선배든 이제는 안 밟혀. 너희가 하면 나도 해. 그렇지만 내가 못하면 너희도 못해.'

나는 활활 타오르는 눈빛으로 공지를 보았다. 잘난 사람은 뭘 해도 여기저기에서 격려와 지원을 받지만, 나 같은 애는 여기저기에서 타박과 방해만 받는 상황을 더는 겪고 싶지 않다.

★★

창의적 UCC 만들기 프로젝트

처음 붙였던 것과 달리 이번 공고문에서는 내용을 최소한으로 줄였다. 아이디어가 톡톡 튀는 UCC를 링크 걸고, 그런 것을 함께 만들고 싶은 사람을 구한다는 말과 연락처를 적었다. 내 본명뿐 아니라 재미있는 별명도 함께.

이번 공지를 준비하는 데는 신년이의 도움이 컸다. 시집살이를 겪어 본 사람이 며느리도 눈물 콧물 다 빼게 시집살이를 시킨다는 말처럼, 신년이는 이름 때문에 놀림을 많이 받아서인지 다른 사람을 놀리는 데 재주가 있었다. 공익 광고나 근엄한 어른들의 인터뷰 장면을 비튼 재미난 UCC를 잘 골라 주었다. 뿐만 아니라 신년이는 청소년과 대학생을 대상으로 한 공모전에서 입상한 작품을 더 멋지게 비틀어 샘플 UCC도 만들어 주었다. 차라리 신년이가 이끌어 가고 나는 옆에서 도와주는 식으로 일을 진행해야 되는 게 아닌가 싶을 정도였다. 그러나 작업을 하기 전에 신년이는 분명히 밝혔다.

"UCC를 만드는 동아리에 들어가고 싶어서 이걸 해 주는 건 아냐. 이걸로 내 몫의 국어 수행 과제와 수학 숙제를 퉁치는 거다."

말은 학교 과제 핑계를 댔지만, 더 조르자 신년이는 속내를 드러냈다.

"야, 형님은 이미 본좌야. 어디 뱁새 노는 데 황새를 부르려고 그래? 너네는 여럿이 달려들어 호들갑을 떨지만, 나는 발로 마우스를 툭툭 차며 만들어도 그 정도 작품은 나온다고. 정 끌어들이고 싶으면 수업료나 내고서 말해라."

자기는 벌써 프로이기 때문에 아마추어와 섞이기 싫다는 말이었다. 내게는 더 큰 계획이 있다고 이야기해 주고 싶었다. 하지만 참았다. 일단 이렇게 도와주는 것만으로도 감지덕지했기 때문에 더 밀어붙이지 않았다. 인터넷 카페를 만들어서 원본 동영상과 그것을 비튼 동영상을 함께 올렸다. 조회 수는 시간이 지날수록 빠른 속도로 늘었다.

문병수 선생님 덕분에 학교 홈페이지와 게시판에 공식적으로 홍보한 것도 큰 도움이 되었다. 정문과 학교 여기저기에 붙어 있던 다른 홍보물들은 관리 차원에서 모두 떼어 내고 아예 홍보 게시판을 만들어 줘서 더 시선을 끌 수 있었다. 기분이 좋았다.

그런데 그 기쁨은 달력을 보자마자 사라졌다. 엄마와 약속한 기한에서 벌써 2주가 거의 지났다. 이번 주 토요일에 아이들이 첫 제작 모임을 가진다고 해도 나머지 2주 동안 과연 UCC를 완성할 수 있을까?

★★

6월 19일. 6월 셋째 토요일에 열린 UCC 동아리 참여 희망자 첫 모임에 열댓 명쯤 되는 아이들이 시청각실로 모였다. 1학년 중에는 내가 아는 애도 몇 명 있었다. 그런데 별로 가까이하고 싶지 않은 4차원 소녀로 유명한 원담경도 있었다. 담경이는 이어폰을 귀에 꽂고 히죽거리고 있어 괴기스럽기까지 했다. 담경이는 주변에 있는 2학년 선배들도 신경 쓰지 않고 있다가 나와 눈이 마주치자 건배를 하는 것처럼 손을 들었다. 나는 못 본 척 고개를 돌렸다.

그러다 하마터면 외마디 비명을 지를 뻔했다. 외모와 능력 모두 다 갖췄다고 해서 별명이 '워너비'인 조동민이 창문 옆에 기대어 있었다. 왜 하필 여기서 만나게 됐을까 한숨이 절로 나왔다. 나는 그 두 사람과 되도록 멀리 떨어져서, 같은 중학교 출신인 조예서 옆에 조신하게 자리를 잡았다.

예서도 내 뒤의 조동민을 힐끗힐끗 보는 눈치였다. 동민이가 나오는 줄 알았으면 좀 더 신경 썼을 텐데. 1학년 여학생들뿐만 아니라 선배들 사이에서도 조동민은 인기가 좋았다. 다재다능한 동민이가 학생회장 선거에 출마하면 결과는 따 놓은 당상일 거다.

여기저기에서 삼삼오오 모여 이야기하는 소리가 웅성웅성 들렸다. 2학년들은 들뜬 목소리로 크게 말해 유난히 잘 들렸다.

"규식이가 나서는 일이니까 제대로 하겠지?"

"난 공모전 나갈 수 있을 것 같다고 해서 엄마한테 허락도 받았는걸."

"3학년이 되기 전에 얼마나 입상을 해야 경쟁력이 있는 걸까? 이걸로 하나라도 입상하면 좋겠다."

이런 이야기를 듣던 예서가 내게 물었다.

"넌 왜 이 모임에 왔니? 설마 스펙 쌓으러?"

"아니."

"너도 UCC 좋아하니?"

"뭐, 조금은⋯⋯."

"어라, 이 뜨뜻미지근한 반응은 뭐야? 너 또 중간에 때려치우는 거 아니?"

나는 기분이 확 상해서 이를 악물고 말했다.

"아니야. 나 이번에는 꼭 끝까지 갈 거라고."

예서는 내 말을 대수롭지 않게 넘겼다. 나는 속으로 거듭 다짐했다.

'끝까지 가서 이 모임을 내 손으로 끝낼 거야.'

그때 한 사람이 시청각실 앞으로 나와 인사를 했다. 2학년 신규식 선배였다. 완전 전형적인 모범생. 그나마 내 마음을 위로해 주는 것은 신규식 선배의 외모였다.

'역시 신은 공평해. 공부 잘하는 것들에게 다 주지는 않으셨어.'

신규식 선배는 온몸에서 사막의 뜨거운 바람이 퍼져 나오는 것처럼 답답한 인상을 주었다.

'공부 좀 한다는 애들은 왜 죄다 똘똘이 스머프처럼 안경을 쓰는 건지. 그래, 저런 스타일이라면 인기가 없을 테니 공부라도 잘해야지. 하지만 굳이 이런 식으로 스펙을 쌓지 않아도 성적만으로도 얼마든지 좋은 대학에 갈 텐데, 정말 가지가지들 한다. 공부 잘하는 애들끼리 모여서 장기 자랑 하며 스펙 쌓자고 회의라도 하나?'

나는 미려에게서 들은 이야기도 생각났다. 스펙을 쌓기 위해 강남의 일부 학생들은 전문 업체에서 수행 과제 컨설팅을 받는다고 했다.

'이런 아이디어는 학교와 학원에 박혀 사는 저런 범생이 머리에서 도저히 나올 수가 없어. 분명 뒤에 누가 있을 거야. 고액 컨설팅을 받고서 마치 자기가 한 것처럼 하는 거겠지. 나도 그런 거 받았다면 지금 아주 날아다닐 텐데.'

여기 모인 순진한 애들은 이미 잘나가고 있는 신규식 선배의 더욱 확실한 성공을 위해 배경이 되어 주는 역할이나 맡을 것이다. 선배의 그 시커먼 속을 내보여 망신을 주고 싶었다.

가엾게도 다른 아이들은 신규식 선배를 보자 더 큰 기대를 품었다. 선배는 최근에 올린 동영상을 보여 주었다. 인정하기는 싫지만, 예시로 보여 준 동영상이 정말 재미있기는 했다.

동영상을 보고서 어떤 애가 불쑥 말했다.

"이런 걸 만들어서 우리도 재미있고 사람들의 관심까지 받을 수 있다면 정말 좋겠어."

다들 공감하는 눈치였다.

선배는 모임의 취지를 설명했다.

"지금까지 본 것처럼 재미있으면서 의미 있는 동영상을 만들었으면 합니다. 제가 만든다는 표현을 써서 부담을 느낄 분도 있을 거예요. 우리가 완전히 새로 찍으면 좋겠지만, 기존에 나온 것을 재치 있게 편집하는 것도 좋습니다. 단, 우리가 청소년이니까 가능하면 청소년과 관련된 내용으로 말이에요."

신규식 선배의 말은 학교 공고문이나 인터넷 카페에 공지된 내용과 크게 다르지 않았다. 청소년에 관한 내용만 추가해서 말했다. 자연스레 모두 수긍하는 분위기였다.

선배는 잠시 우리를 찬찬히 살펴보다가 말을 이었다.

"처음이라 그런지 의견 내는 것을 주저하는군요. 비록 제가 먼저 제안하긴 했지만, 동영상 주제나 모임의 이름, 역할 배분 등은 자유롭게 정했으면 합니다. 오늘은 작업했으면 하는 주제부터 정하는 게 어떨까요?"

서로 눈치를 보고 있을 때 다른 선배 한 명이 입을 열었다.

"청소년 하면 공부에서 오는 스트레스 문제가 심각하니, 그것을 주제로 하면 어떨까요?"

의견 하나가 나오자 봇물 터지듯 여러 의견이 줄을 이었다. 학교 폭력, 진로, 친구, 연애, 성 정체성, 가족 등등. 마치 돌아가면서 다른 의견을 발표해야 된다는 규칙이라도 있는 것처럼 다양한 생각을 말했다.

전부 다 할 수는 없으니 그중에서 무엇을 하면 좋을지 의논하게 되었다. 종류가 많은 탓에 선택하기 힘들었다. 이건 이래서 좋고, 저건 저래서 좋았다. 물론 좋지 않은 점도 제각각 있었다. 마치 내가 해외여행을 하려고 정보를 잔뜩 모아 두고서 결정을 내리기 힘들어하던 때 같았다.

나는 피식 웃었다. 그러자 나에게 시선이 쏠렸다. 신규식 선배는 내 의견을 물었다. 다른 사람들이 어떻게 하나 보느라 정신이 팔려 아무 의견도 내지 않은 사람은 나 하나였기 때문이다. 다른 사람들은 기대에 찬 눈을 반짝이며 열정을 불태우는데, 나만 시커먼 재에 묻혀 있는 듯한 느낌에 입을 더 꾹 닫았다.

그러자 신규식 선배는 다시 내게 의견을 물었다. 이렇게 따가운 시선을 받으니 가만히 있을 수가 없어 마지못해 입을 열었다.

"모두 다 좋은 주제여서, 아무거나 해도 저는 상관없어요."

"아무거나 뭐요? 말 그대로 아무거나 하나 골라 보시죠."

신규식 선배가 물고 늘어졌다. 나는 더 밀리면 안 된다는 생각에 똑 부러지게 말했다.

"그건 리더가 결정해야 하는 사안 아닌가요?"

선배는 멈칫했다가 빙긋 웃으며 말했다.

"제가 결정하면 따르실 건가요?"

또 물고 늘어지는군. 내가 선배를 당황하게 해야 했는데, 전세가 역전되었다는 생각에 두 볼에 열이 올랐다.

"아무거나 해도 상관없다는 거지요?"

신규식 선배는 잠시 말을 멈추고 천장을 보며 눈을 굴렸다. 그러고는 미소 지으며 말했다.

"그러면 우리 '청소년의 성생활'을 주제로 다루면 어떨까요?"

신규식 선배의 입에서 나온 말에 너무 놀라서 나는 오믹해졌다. 모임에 참가한 사람들은 잠시 어어 하는 표정으로 서로 바라보며 침묵을 지키다가, 갑자기 몇몇이 좋다면서 박수를 쳤다.

'이런, 다들 미쳤어!'

담경이가 나서서 물었다.

"워워, 잠깐만요. 청소년의 성 문제도 아니고 성생활이라고요?"

선배가 고개를 끄덕였다. 그러자 담경이는 두 손을 위로 쭉 뻗으며 말했다.

"이야, 재밌겠다!"

나는 그 모습을 보며 신규식 선배가 4차원 담경이와 동급이라는 생각을 했다.

'공부만 하다가 머리가 이상해진 건가? 가만, 아무도 그 문제를 이야기하지 않았는데 새롭게 낸 거잖아. 혹시 자기가 관심이 있어서? 겉으로만 얌전한 척하는 모범생이고, 속은 완전 늑대에 카사노바인 거 아냐?'

카우치서핑 이야기할 때 엄마가 남자는 모두 늑대니까 조심해야 한다고 한 말이 가슴에 다가왔다.

나는 목소리를 높여 물었다.

"선배님, 왜 하필 성생활이에요?"

"아무거나 해도 상관없다고 말한 후배님까지도 눈이 번쩍 뜨여서 열을 내며 말하게 할 수 있는 주제니까요."

신규식 선배가 웃으며 말했다. 이제는 웃는 것도 능글맞아 보였다.

"그, 그거야……."

아, 난 왜 바보같이 그때 반격하지 못했을까? 머릿속에 떠오르는 것은 많았지만 내 몸과 입은 얼어붙었다.

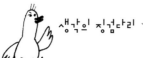

정보를 많이 모을수록 좋을까?

인간은 선택 항목이 5개에서 9개 사이일 때, 즉 평균 7개일 때 무리 없이 고를 수 있다. 그보다 많아지면 정보 처리의 한계를 넘어서기 때문에 힘들어진다. 선택할 수 있는 대안이 많을수록 오히려 선택하지 못하는 '선택의 패러독스'가 빚어지는데, 그것은 다음과 같은 문제를 낳는다. 첫째, 여러 대안을 검토하며 커진 기대와 다른 대안을 포기한 것에 대한 후회 때문에 오히려 선택의 만족도가 줄어들게 된다. 둘째, 선택 대안이 늘어나면 선택에 따른 불확실성 또한 그만큼 증가하기 때문에 더 주저하게 된다.

2000년 미국 컬럼비아 대학교의 시나 아이엔거(Sheena S. Iyenger)와 스탠퍼드 대학교의 마크 레퍼(Mark R. Lepper) 교수는 슈퍼마켓의 한 매장에 6종류의 잼을, 다른 매장에 24종류를 진열한 뒤 고객의 행동을 관찰했다. 6종류의 물건이 진열된 매장에서는 방문한 손님 중 30퍼센트가 잼을 샀지만, 24종류가 진열된 매장에서는 그 비율이 3퍼센트로 크게 떨어졌다. 종류가 많을수록 선택이 어려워지기 때문이었다. 수정이가 정보를 많이 구할수록 선뜻 선택하지 못하고 더 주저하게 된 것도 마찬가지 이유 때문이다.

하지만 사람들은 더 좋은 대안을 생각한다며 더 많은 정보를 모으려 한다. 그러면 정말 최종 선택에 대해 만족할 수 있을까? 아이엔거 교수 등이 실시한 실험에서 구매 만족도는 종류가 적게 진열된 매장을 방문한 사람들 쪽이 더 높았다. 얼핏 생각하면 많은 대안 중에서 하나를 선택하는 것이 더 만족스러울 듯하다. 그런데 뭔가 하나를 선택한다는 것은 다른 대안을 포기한다는 것이다. 따라서 선택의 폭이 넓을수록 포기한 것에 대한 후회의 총합도 커지기 때문에 만족도가 떨어질 수밖에 없다.

사람들은 최선을 원한다지만, 사실은 최고를 바란다. 그러나 최고의 선택을 한다는 것은 모든 정보를 모을 수 있고, 그것을 완벽하게 평가할 수 있을 때에나 가능한 일이다. 그런데 이는 불가능하기 때문에, 현실에서는 최선이나 최고를 바랄수록 결정을 하지 못하게 된다.

그렇다면 어떻게 해야 할까? 최선의 성과를 얻으려 하기보다는 지금보다 나은 상태이기만 하면 만족하겠다는 자세를 취할 필요가 있다. 안타깝게도 우리가 살아가는 현실 세계는 누구에게나 항상 최선이 실현될 수 있는 천국이 아니다. 그렇지만 다행히 우리의 삶은 지금보다 조금이라도 더 좋을 수는 있다.

오늘날 우리는 정보의 노예가 되기 쉬운 환경에 놓여 있다. 방송과 인터넷 등은 굳이 내가 알고 싶지 않은 것들에 관한 정보까지 쏟아 내면서 더 많이 알수록 더 좋은 삶을 살 수 있다고 유혹한다. 그러나 앞서 소개한 슈퍼마켓에서의 선택 실험처럼 더 많은 정보를 얻을수록 우리는 더 선택하지 못하는 심리 구조를 지니고 있다. 정보 수집에 열을 올려 가장 좋은 것을 선택하려는 마음을 버려야 도전할 수 있다. 한 가지에라도 집중해서 일단 시행착오를 겪겠다는 마음으로 출발해야 한다. 규식이처럼 말이다.

5
최선의 방어는 접근

"아무리 새로운 것을 한다고 해도 이건 아니지."

1학년 때 같은 반이던 이희진이 따지고 들자 여기저기에서 참았던 말들이 터져 나왔다.

"이런 걸 주제로 하는 공모전도 있나?"

"학교에서도 가만있지 않을걸?"

한 후배가 나서자 다른 후배들이 한마디씩 덧붙였다. 마치 저마다 다른 소절을 반복해서 부르는 돌림노래를 합창하는 것처럼. 그런데 또 다른 돌림노래가 시작되었다.

"왜? 한번 해 보자. 신선하잖아. 제대로 주목받을 수 있겠는걸."

"다른 애도 아니고 학교에서 인정하는 규식이가 하는 일이니까 잘될 거야."

"청소년뿐만 아니라 어른들도 궁금해할 것 같은데?"

학교 내 아이돌이라고 소문난 동민이가 이야기하자 1학년 여자 후배들의 지지가 눈에 띄게 늘었다.

찬성 의견이 나오자 희진이가 나에게 말했다.

"정 신선한 주제를 하고 싶고 어른들 관심까지 끌고 싶으면, 청소년 인권 조례나 청소년 투표권 문제를 다루는 게 어때?"

"이 모임 준비하려고 여기저기 찾아보면서 알게 된 건데, 그런 주제는 벌써 많이 다뤘어. 지난번 전국 고등학생 토론회에서도 그런 주제들을 다뤘단 말야. 우리가 잘 알지 못한다는 이유로 신선하다고 할 수는 없어."

내 대답을 듣고 희진이 옆에 있던 동근이가 날카롭게 말했다.

"청소년 성생활도 그렇게 신선하지 않은 주제일 수 있잖아?"

"우리 시각에서 다르게 접근하면 되지."

"그렇다면 청소년 인권이나 투표권 문제에 대해서도 같은 말을 할 수 있는 거 아니니."

결국 내가 제안한 주제를 놓고 투표에 들어갔다. 2표 차이로 주제는 결정됐다. 나는 칠판에 주제를 커다랗게 적었다. '청소년 성생활.' 그리고 나서도 여전히 저마다 다른 반응을 내놓았다. 나는 많은 목소리를 어떻게 통제해야 할지 몰라 혼란스러웠다. 습관적으로 도와줄 사람을 찾았다. 모르는 점이 나올 때 선생님을 찾는 것처럼. 그러나 지금은 온전히 나 혼자 해결해야 했다. 수학 응용문제를 풀 때 공식부터 찾듯이, 나는 동아리를 구성하는 문제로 상담할 때 문병수 선생님이 말한 것을 떠올렸다.

"미래가 아닌 현재의 처지에서 그때그때 가볍게 움직이는 데 더 집중해 봐. 너무 먼 미래까지 보면 기가 죽어서 포기하거나, 반대로 터무니없는 욕심이 생겨서 조급한 마음에 이상한 일만 벌이게 되어 있어. 그러니 지금보다 조금이라도 긍정적인 결과를 얻으려 노력하겠다는 자세로 접근해 보렴."

선생님의 그 말은 지금 이 순간에도 유효했다. 거창한 공모전이라느니 어른들이 깜짝 놀랄 만한 시각을 던져 주겠다느니 하는 따위는 문병수 선생님과 상담하면서 포기했는데, 지금 그런 것을 거론하는 아이들을 보니 내 예전 모습이 떠올랐다.

반발하는 아이들 중에서 특히 수정이가 끈질겼다.

"선배님, 아무리 자유로운 UCC라고 해도 마구 밀어붙이면 되나요?"

"마구 밀어붙이다니요? 투표로 정했잖아요."

"그래도 너무 황당하잖아요."

내가 당황하자, 같은 2학년 김연수가 거들었다.

"남들이 보면 황당한 짓일 수도 있다는 게 더 재미있지 않아?"

"재미요? 저 같은 사람은 누구처럼 그쪽 분야를 잘 알지 못하는데, 아니 어떻게 하면 알 수 있는지조차 모르는데, 어떻게 재미를 느낄 수 있지요?"

질문이라기보다 항의에 가까웠다.

연수가 말을 받았다.

"모르니까 한번 알아보는 거지요. 재미가 있는지 없는지는 부딪혀 봐야 알 수 있어요. 정말 재미가 없으면 그때 주제를 바꾸면 되고요."

나는 연수 말이 맞다고 했다. 그러자 수정이가 나를 향해 직접 말했다.

"좀 무책임한 태도 아닌가요? 앞으로 벌어질 일을 예상해서 안 좋은 것은 미리 피하고, 좋은 것을 얻고자 노력해야 하는 거 아니에요?"

수정이 모습을 보면서 나는 진로 체험의 날 행사 때 PD 선배의 말을 듣고 당황했던 내 모습을 떠올렸다.

나는 수정이에게 말했다.

"저도 그렇게 생각했어요. 그런데 진로 체험의 날 행사 때 온 PD 선배가 말하더군요. 좋은 결과를 얻자고 덤비는 것은 '도전'이 아니라 '투자'라고요. 그리고 결과를 생각하지 말고 일단 과정을 즐기는 것이 도전의 첫걸음이라고 했어요. 지금 우리는 흥미로운 주제를 찾았으니 첫 단추를 잘 꿴 것 같은데요."

말은 이렇게 했지만, 얼마 전까지의 내 모습이 양심에 걸려서 무안함을 숨기느라 혼났다. 수정이는 잠시 곰곰 생각하다가 입을 열었다.

"그러다가 재미도 없고 결과도 별로 안 좋으면 어떻게 하지요?"

"재미가 없으면 다른 주제를 찾아서 하면 되지요."

"그러니까 처음부터 제대로 찾는 게 더 중요하지 않은가요?"

수정이가 이렇게 말하자, 잠시 수그러들었던 반대파가 다시 움직이려는 기미가 보여서 나는 단호하게 말했다.

"그런 식으로 하면 늘 분주하게 계획만 세우다가 하나도 실행에 옮기지 못하고, 이것저것 계속 기웃거리기만 할 거예요."

사실 이 말은 진로 체험의 날 행사 때 PD 선배가 한 말이었다. 아무튼 이 말을 건네자, 당돌해 보이기까지 하던 수정이 얼굴이 갑자기 벌겋게 달아올랐다.

함께 강연을 들었던 연수가 다른 이야기를 기억해 내어 빙긋 웃으며 말했다.

"그래서 좋으면 좋은 대로 선택하고 나쁘면 나쁜 대로 포기하며 시행착오를 겪으면서 나아가겠다는 자세로 도전하자는 거잖아?"

내가 머쓱해져서 다시 입을 열려고 하는데, 동근이가 끼어들었다.

"자, 명언 배틀은 나중에 하고, 그쯤 했으면 후배님도 이해했을 테니 다음 안건으로 넘어가죠."

주제를 정한 우리는 그 기세를 몰아 모임의 이름을 정하기로 했다. 갖가지 이름이 제시됐는데, 한 아이가 북유럽 신화에 나오는 천둥의 신 이름인 토르를 제안했다. 세상을 향해 번쩍 하고 번개를 내리치듯 충격을 주는 모임이 되자는 뜻이라고 했다. 나는 그 제안을 적극적으로 지지했다. 다른 아이들도 거의 찬성했다.

어떤 아이는 모임의 성격을 나타내는 동영상부터 제작하자며 이렇게 말했다.

"여러 블록버스터에 나온 토르 영상을 짜깁기하면 괜찮은 거 건질 수 있겠는데요?"

나는 처음에는 홍보 동영상 제작을 썩 좋게 생각하지 않았다. 앞으로 2주 안에 엄마를 설득할 만한 동영상을 만드는 것만도 힘들기 때문이었다. 그러나 아이들은 가볍게 손발을 맞춰 봐야 본작업도 잘할 수 있다고 말했다.

홍보 동영상을 만들기로 합의하자 모두들 아이디어를 내놓았다. 영화에 나온 토르 동생 캐릭터 로키까지 살리면서 이야기를 만드니 더 재미있어졌다. 기발한 생각들이 모이니 아직 동영상을 만든 것도 아닌데 어떤 장면일지 눈에 선했다. 나로서는 엄마가 말한 기한 안에 인정받을 만한 동영상을 제작해야 하지만, 조금 늦어지더라도 아이들이 내놓는 아이디어를 하나하나 담아내고 싶어졌다.

모임의 홍보 동영상 제작을 서로 맡겠다고 난리여서 역할을 나눌 필요가 있었다. 시나리오, 촬영, 동영상 편집, 자막 편집, 음악, 음향 등 세부적으로 각자 하고 싶은 것을 이야기했다. 문득, 4명이 조별 과제 하나만 해도 말이 많은데 17명이 모두 달려들면 정신만 없고 결과는 좋지 않을 수도 있겠다 걱정이 되었다. 처음에 주제 선정을 놓고 벌인 설전을 생각하면 더 그럴 것 같아 나는 서둘러 제안했다.

"우리 조를 나눠서 경쟁해 보는 건 어떨까요?"

나는 17명이 한꺼번에 달려드는 것보다 조별로 나눠서 하는 것이 더 잘 진행되며, 각 조마다 내놓은 결과물을 서로 비교해 볼 수도 있어서 좋다며 설득했다.

"그러면 어떻게 조를 나누지?"

희진이가 내게 물었다.

나는 각 시나리오 희망자를 임시 조장으로 하고, 나머지는 자기가 들어가고 싶은 조를 정하자고 했다. 그러자 희진이는 한 조에 너무 몰리면 그 조도 문제일뿐더러 다른 조와의 관계도 이상해진다며, 차라리 조장이 자기 조원을 뽑게 하자고 했다. 마치 텔레비전 서바이벌 프로그램에서 게임을 할 때처럼. 내 생각에도 그게 더 좋을 것 같았다.

시나리오 희망자 세 명이 가위바위보를 해서 차례대로 조원을 뽑기 시작했다. 부차적이라고 여겼던 음악, 음향, 자막 편집자를 경쟁적으로 먼저 뽑았다. 그러고 나서 동영상 편집자와 촬영 희망자를 뽑았다. 그렇게 세 조에 4명씩, 조장까지 각각 5명이 배치되었다. 나와 여학생 하나만 빼놓고.

★★

내가 애초에 이 모임이 좋아서 들어온 거라면 큰 상처를 받았을지도 모른다. 다른 아이들처럼 열성적이지는 않았지만 나도 엄연히 동영상 편집에 지원했는데 나를 뽑지 않다니, 자존심이 확 상했다. 내가 친구 생일이나 가족 기념일이면 사진을 음악과 함께 영상으로 편집해서 선물한다는 사실을 알면 크게 후회할 거다.

'흥! 나를 선택하지 않으면 지들만 손해지, 뭐.'

이렇게 마음을 다잡으려 하는 참에, 신규식 선배가 배려해 준답시고 나를 여러 조장에게 추천하는 게 더 기분 나빴다. 조장들이 머뭇거리자 선배는 자기 머리를 툭 치고는 나에게 다른 역할을 제안했다.

"아, 참! 우리가 모인 이유는 모임 홍보 동영상 제작이 아니잖아요. 우리가 주제로 정한 청소년 성생활과 관련된 자료를 미리 조사하는 게 어떨까요? 그게 가장 중요한 일인데. 물론 저도 같이 하겠습니다."

내가 대답도 하기 전에 여러 곳에서 "아, 맞다!" 하는 소리가 들려왔다. 나는 엮이면 안 된다는 생각에 서둘러 대답했다.

"선배님은 총괄하시려면 다른 일도 많을 테니, 일단 저 혼자서 해 볼게요."

신규식 선배는 자기가 같이 하겠다고 여러 번 말했다. 나는 애써 웃으며 괜찮다고 말했다.

"선배님, 그렇게 걱정되시면 제가 도와줄게요."

동민이가 나섰다. 나는 놀라서 입이 벌어졌다. 그러자 예서가 입을 거의 벌리지 않은 채로 나에게 소곤거렸다.

"표정 관리 좀 해. 좋아하는 티가 다 나잖아."

나는 고개를 가로저었다. 이번에는 담경이가 손을 들고 생글생글 웃으며 나를 도와주겠다고 말했다. 나는 더 세게 고개를 가로저었다.

신규식 선배가 재빨리 말했다.

"아니에요. 각 조마다 할 일도 많을 테니, 우선 각자 맡은 일부터 하는 것으로 할게요."

선배는 결국 나더러 혼자 하라고 했다.

이제 각 조원끼리 모여 앉아 연락처를 교환했다. 나는 신규식 선배에게 전화번호를 넘기는 게 찝찝했지만 싫다고 할 수는 없었다.

조마다 각기 이야기를 나누느라 소란스러웠다. 그러나 자료 조사를 맡은 나는 선배와 나눌 이야기도 없고 나누고 싶은 이야기도 없어서 그냥 집으로 가려고 했다. 그런데 선배는 이것저것 도와준다며 나를 붙잡고 검색 아이디어를 내놓았다.

그러던 중 시청각실 문이 열렸다.

"뭐야, 회의를 아직까지 하는 거야?"

껄렁거리는 목소리가 거슬렸다. 신규식 선배는 그 목소리의 주인공을 반갑게 맞이했다.

"마음 바꾼 거야? 잘 생각했다. UCC 만드는 우리 동아리에 네가 없으면 되겠니?"

선배는 상대방이 대답할 틈도 주지 않고 우리를 향해 말했다.

"자, 여러분. 우리 동아리 모집할 때 보셨던 재기발랄한 동영상을 만든 김신년을 소개합니다. 우리 동아리 부회장으로 모시려고 제가 열심히 설득하고 있는 분이기도 하지요."

"오호!", "아하!" 이런 소리와 함께 자동으로 박수가 나왔다. 김신년 선배는 부회장이라는 말이 나올 때 피식 웃으며 고개를 건성으로 까닥한 뒤 규식 선배를 보면서 말했다.

"쑥스럽게 왜 이래? 생각이 바뀌긴 뭐가 바뀌어? 동아리 활동 시간조차 아까워하던 범생이가 어떻게 진행하나 궁금해서 와 봤을 뿐이야."

후끈 달아올랐던 분위기가 바로 차가워졌다. 신규식 선배는 김신년 선배가 말만 그렇게 하지, 실제로는 많이 도와줄 거라며 수습했다. 그러자 1학년 가운데 한 명이 동영상 제작 기술에 대해 질문했다.

"아이고, 그건 말로 설명하기 힘들어요. 아이디어가 툭 튀어나오면 그냥 단번에 실행하는 거라 저도 솔직히 말로는 표현하지 못하겠어요. 그냥 몸이 기억한다고 할까? 예전에 삽질한 게 많아서 그냥 하면 되더라고요. 하다 보면 저절로 알게 될 거예요."

김신년 선배는 '그냥'이라는 말을 많이 썼다. 그게 사실일 수도 있겠지만 성의 없이 들렸다. 신규식 선배는 분위기를 바꾼답시고 다른 부탁을 했다.

"동아리에 참여하기 힘들면 우리 동아리 홍보 동영상 심사만이라도 맡아 주는 건 어때? 객관적인 의견을 들을 수 있어서 좋을 것 같은데."

"됐어. 조별 과제에서도 그렇고, 이런 식으로 야금야금 엮이다 보면 나중에는 남의 일까지 해야 하더라고. 별로 잘 만들지 못하면 차라리 내가 만들어서 보여 주고 싶을 테고, 그러면 결국 내가 홍보 동영상까지 만들어 주게 되잖아. 너도 알잖니. 나는 다른 사람이랑 함께 일하기 힘든 인간이라는 거."

"그래도 네가 좋아하고 잘하는 분야잖아. 후배들도 있고 하니 도와주면 안 될까?"

김신년 선배는 마치 막장 드라마에서 자기가 최고인 줄 알고 제멋대로 행동하는 회사 선배 같은 표정을 지으며 말했다.

"그래, 인심 썼다. 만들어 보고 정 아니다 싶으면 그때 정식으로 부탁해. 그냥 하나 만들어 줄게."

'뭐야, 저 잘난 척은?'

나는 하마터면 밖으로 소리 내어 말할 뻔했다.

김신년 선배는 팔짱을 끼며 말했다.

"겨우 홍보 동영상 하나 만들자고 여태껏 회의한 거야? 너 어느 세월에 엄마가 인정할 결과물을 낼래?"

그러다가 신년 선배는 칠판에 적힌 글씨를 보았다.

"어? 저건 또 뭐야? 청소년 성생활?"

신규식 선배는 서둘러 신년 선배의 말을 가로채면서 우리가 그동안 회의한 내용을 정리해 들려주었다. 신년 선배는 웃음이 빵 터졌다. 그리고 조사 담당자로 여학생인 나를 선정했다는 말에 더 크게 웃었다.

"왜 여자 후배한테 그런 일을 맡기고 그러냐? 보나 마나 자기는 못한다고 빼고 그랬을 거 같은데?"

"아냐. 처음에는 그랬지만 오히려 혼자 힘으로 하겠다고 했어."

김신년 선배는 독심술사처럼 나를 뚫어져라 바라보고 나서 고개를 갸웃거렸다.

"후배님, 힘들지 않겠어요? 선배가 시킨다고 해서 하지 말고, 다른 거 찾아서 하는 편이 자신한테도 좋고 동아리에도 더 도움이 될 것 같은데?"

"할 수 있어요!"

아, 내가 왜 이렇게 결연하게 대답했던가. 어차피 동아리를 훼방하려고 와 놓고서는. 내가 제대로 못할 거라고 여기는 다른 사람들의 시선을 느껴서일까? '그래, 너니까'가 아니라 '설마, 네까짓 게?'라는 느낌. 내가 뭘 하려고 해도 무조건 얕잡아 보려는 분위기가 너무 싫었다.

신년 선배가 이기죽거리며 말했다.

"할 수는 있지만 잘해야 한다는 게 문제지. 동영상도 누구나 만들 수는 있지만 잘 만들어야 하는 게 문제이듯이."

신년 선배는 이어서 신규식 선배를 향해 말했다.

"규식아, 공부를 그냥 하는 게 중요한 것이 아니라 잘해서 좋은 성적을 받는 게 중요하다는 건 누구보다 네가 잘 알고 있잖아? 이 동아리도 잘되려면 좀 더 치밀하게 움직여야 할 거 같은데?"

"그래서 너 같은 전문가가 필요하잖아. 그러니까 도와줘. 동아리 부회장을 맡기 힘들다면 다른 어떤 형태라도 좋아."

"어허, 기본이 되어 있어야 도움도 받지. 수능 최고 명강사도 기본 실력이 없는 학생을 만나면 서로 시간만 낭비하는 거라고 누가 말했더라?"

김신년 선배는 신규식 선배에 다가가 작은 소리로 말했지만, 교실이 워낙 조용해서 무슨 말을 하는지 다 들렸다.

"아, 너무 재수 없다고 생각하지 마요. 내가 욕먹더라도 알려주고 싶어서 한 말이니까. 이거야말로 규식이가 나한테 기대한 도움이 아닌가 싶네요."

신년 선배는 우리를 죽 둘러보며 말했다.

"잘되기를 바랄게요. 기대됩니다, 기대돼."

신년 선배는 형식적으로 인사를 꾸벅 하고 시청각실을 나갔다. 그 모습을 노려보고 있는 내 귓가에 낯선 목소리가 들렸다.

"내가 도와줄게. 멋지게 해내서 저 선배 코를 납작하게 만들자."

고개를 돌려보니 동민이였다.

"고마워."

거기까지만 말해야 했다.

"그런데 너도 내가 부족할 거라고 생각하는 거니?"

동민이는 손사래를 쳤다. 아, 이게 아닌데. 얘하고는 이런 식으로 만나면 안 되는데. 내가 남자 친구를 사귄다면 떠올리는 상대 중 하나가 동민이 같은 아이인데.

속이 상해서 빨리 밖으로 나왔다. 나는 집으로 돌아오는 내내 고민했다. 원래 목적대로 훼방을 놓으려면 일부러 작업을 해 가지 말까, 아니면 듣도 보도 못한 재수 없는 선배가 나를 무시한 것을 후회하도록 정말 멋지게 해 갈까. 이번 기회에 동민이에게 확실한 인상을 심어 줄 것인가도 고민되었다. 안 할 이유보다 해야 하는 이유가 그렇게 하나씩 늘어 갔다. 그렇지만 마음의 저울은 아직 확실하게 기울지를 않았다.

★★

수정이에게 물었다.

"아빠가 언제까지 돈을 준비해 주면 되니?"

수정이는 바로 대답하지 않고 푸욱 한숨부터 길게 내쉬었다. 내가 조심스럽게 다시 물어보자 수정이는 뚝뚝하게 대답했다.

"그게…… 그냥 안 가기로 했어."

"아니 왜?"

"같이 갈 아이가 없어."

"엄마랑 가기로 했잖아."

"그게 사정을 말하면 길어지는데, 미려 코를 납작하게 해 주려면……. 에이, 씨! 그런 게 있어. 아무튼 안 가."

"혹시 돈 때문이라면 정말 걱정하지 않아도 돼. 아빠가 팍팍 밀어 줄 테니."

수정이는 알았다고만 말했다. 아무튼 미려와 비교되는 마음 때문에 가겠다고 했던 해외여행을 접은 것은 다행이었다. 그렇지만 애가 기운이 쏙 빠진 것 같아 안쓰러웠다.

"여름 방학 때 외국 나가는 대신 특별히 하고 싶은 거라도 생겼니? 아빠가 지원해 줄게."

"아니, 아빠 왜 갑자기 안 하던 짓, 아니…… 안 하던 말을 하고 그래? 전에는 철저하게 준비하라는 둥, 이게 꼭 필요한 거냐는 둥 물어볼 때는 언제고."

나는 겸연쩍게 웃어넘기려 했다.

"처음 오지 탐험 얘기를 꺼냈을 때 그렇게 말해 주지."

"그럼 너, 여행이 아니라 탐험을 떠나고 싶니?"

"어휴, 아니라니까."

수정이가 짜증을 냈다.

"이번 방학 때는 학교 동아리에서 하는 프로젝트를 할 거야."

"동아리? 프로젝트?"

"응, 동영상 만드는 거 있어."

"그래? 재미있겠다."

"아빠는 그게 뭔지나 알고 재미있겠다고 그러는 거야?"

"우리 딸이 외국 여행 계획까지 접고 하는 걸 보면 그만큼 재미있어서 그런 거 아냐?"

수정이는 아주 잠깐 동안 슬며시 웃었다. 마냥 밝은 웃음이 아니어서 그 의미를 잘 알 수 없었지만.

나는 수정이에게 말했다.

"아빠가 도와줄 일이 있으면 꼭 말해 줘."

그러자 수정이가 크게 웃었다. 이번에는 웃음의 순도가 더 높아져 있었다.

"알았어, 아빠. 이번 동영상에 아빠가 참여하면 아이들 반응이 진짜 대박이겠다."

"대체 무슨 동영상을 만드는데?"

"청소년 성생활!"

나는 내 귀를 의심했다. 이성 교제 문제나 성 정체성 고민, 백 번 양보해서 자위 같은 문제가 아니라 성생활이라니. 그리고 그걸 동영상으로 만든다고? 얘들이 설마 이상한 동영상을 만드는 건 아니겠지? 당황한 내가 속사포처럼 질문을 퍼붓자, 수정이는 "믿고 도와준다더니 이게 뭐야."라고 말했다. 아차차!

"아빠, 나 지금 자료 조사해야 하니까 그만 나가 줘."

★★

'열심히 하는 척하고 엉망으로 해서 교묘하게 방해할까? 그런데 그러면 선배들이나 동민이, 다른 동급생들이 모두 나를 무시할 거잖아.'

무시당하는 건 정말 싫다. 주말 내내 자료 조사를 진심으로 열심히 할 것인지 말 것인지 다람쥐 쳇바퀴 돌듯 계속 고민했다. 그 탓에 푸석거리는 얼굴로 학교에 갔다.

내 얼굴빛이 안 좋은 걸 보더니 유민이가 이번 여름 방학에 해외여행 준비하는 일로 힘드냐고 물어보았다. 그때그때 사정이 워낙 자주 변하다 보니 그동안 이야기를 제때 전하지 못해서, 말 나온 김에 간략하게 했다. 유민이는 나에게 "또 중간에 때려치운다."고 한마디 했다.

하지만 내 말을 듣고 있던 같은 반 친구 박다현은 고맙게도 다르게 이야기해 주었다.

"넌 정말 쉬지 않고 새로운 도전을 하는구나. 네가 부럽다."

빈정대는 게 아니라 진심 어린 눈빛이었다. 나야말로 늘 뭔가를 차분하게 생각하고 글로 옮기는 다현이가 종종 부러웠는데.

다현이는 한결같은 모습으로 친구들을 살피며 세심하게 배려하는 아이다. 학기 초에 내가 책상 앞에다 표어를 붙여 놓는다고 말했는데, 그때부터 가끔 책이나 인터넷에서 찾은 명언을 적어 주었다. 그런데 왠지 나를 좋게만 보는 다현이를 실망시킬까 두려워 거리를 두고 지내게 되었다.

그렇지만 이제는 평소에 살갑게 굴다가도 결정적인 순간에는 삐딱하게 구는 유민이보다, 긍정적으로 봐 주는 다현이와 가깝게 지내야겠다는 생각이 들었다. 그리고 이번에는 멋진 결과물을 만들어서 '다현이가 믿는 수정'이 맞고 '유민이가 생각하는 수정'은 틀리다는 것을 보여 주고 싶다. 무엇보다도 다현이 덕분에 내가 정말 용기 있게 도전하는 사람이라는 것을 믿고 싶어졌다.

쉬는 시간에 복도에서 마주친 예서가 생각해 주는 척 건넨 말이 내 마음을 더욱 건드렸다.

"이번에는 네가 중간에 때려치워도 인정해 줄게. 나도 아니다 싶으면 동아리 그만두려고."

나는 적어도 예서보다 먼저 그만두는 일은 없어야겠다고 다짐했다.

나는 월요일 오후부터 시간이 닐 때마다 자료를 검색했다. 다현이는 그런 나에게 관심을 보이며 더 응원했다. 그래서 동아리에 들어가 함께 작업해 보자고 말했더니 다현이는 손사래를 쳤다.

"됐어. 나 같은 게 뭘 할 줄 안다고. 너한테 부담만 될 거야. 대신에 나는 다른 것으로 도와줄게."

다현이는 내가 지치지 않도록 동기 부여가 될 수 있는 명언들을 찾아 주었다. 영국의 극작가 조지 버나드 쇼의 "성공한 사람들은 적극적으로 자신이 원하는 상황을 찾는다. 원하는 상황을 찾을 수 없으면 상황을 그렇게 만든다."는 말은 울림이 컸다. "하나를 얻기 위해서는 하나 이상의 모험을 감행해야 하는 게 인생이다."라고 한 장은진 작가의 말도 좋았고, "고양이가 가장 잘 죽는 곳은 가장 안전하다고 믿고 숨은 자동차 밑이다."처럼 인터넷상에 떠도는 글도 좋았다.

그런데 이상한 것은 정작 다현이 자신은 뭔가를 하려고 시도조차 하지 않는다는 사실이었다. 내가 "너는 아는 게 많으니 다른 사람 글을 인용하기보다는 직접 네 글을 써서 주면 더 좋겠다."고 하자 펄쩍 뛰기도 했다.

"내가 어떻게 그래? 난 그저 너 같은 애들을 도와주고 지켜보는 것만으로도 좋아."

"나 같은 애? 내가 뭐라고. 너무 그러지 마. 부담돼."

"에이, 너나 그러지 마."

다현이는 뭘 이야기해도 무기력하게 반응했다. 아니, 활기차게 하는 일이 있기는 했다. 친구들을 부러워하고 도와준다면서 좋은 글귀를 옮겨 주는 것. 그 글의 의미를 다현이 자신이 새긴다면 좋겠다는 생각을 하니 왠지 안타까웠다.

어느 날 유민이에게 다현이에 대한 내 생각을 이야기하자 혀를 차며 말했다.

"나도 답답하긴 해. 그런데 이런 식으로 말할 때마다 우리 엄마가 하는 말이 있지."

"그게 뭔데?"

"너나 잘하라고."

"야, 그래도 친구인데 그게 무슨 말이야."

유민이는 빙긋 웃으며 말했다.

"누가 우리를 보면 우리야말로 다현이 같은 애일 수도 있어. 사실 우리가 다른 사람을 지적하는 만큼 실천하면 아주 잘될걸? 내 친구가 동생한테 훈계하는 소리를 들으면 딱 저한테 필요한 말이더라니깐."

나는 속이 뜨끔했다.

★★

우리 동아리에서 다룰 주제가 아이들 입에 오르내렸다. 신년이가 그 소문을 간단히 정리해 주었다.

"내가 만들어 준 UCC보다 너희 범생이들이 하겠다는 주제가 더 웃기대."

물론 우리가 어떤 결과물을 낼지 기대한다고 말하는 애도 있었다. 그러나 대다수의 아이들은 신년이가 전해 준 것처럼 부정적인 반응을 보였다. 우리의 본래 의도는 그냥 웃음거리가 됐고, 이른바 노는 아이들은 내게 와서 집적거리고 가기도 했다.

"얌전한 고양이가 뒤로 호박씨를 까다가 참지 못하면 부뚜막에 올라가 막춤을 춘다더니. 야, 하고 싶으면 말해. 형님이 자리 만들어 줄 테니까."

"막히면 이 형님한테 물어봐라. 내 실전 경험만으로도 영화 열 편은 거뜬할 테니."

이런 이야기를 들을 때면 괜히 선정적인 주제를 정했나 후회되기도 했다. 그러나 여기서 물러서면 정말 꼬락서니가 우스워지겠다는 생각에 오히려 의지가 더 강해졌다. 주위에서 반대하는 결혼을 밀어붙이면서 애정이 더 커진다는 말이 어렴풋하게나마 이해가 되었다. 처음에는 우연히 선택한 주제였지만, 이제는 우리 모임의 독창적인 색깔을 지켜 내기 위한 필연의 선택처럼 느껴졌다.

★★

"어떻게 지내?"

처음에는 누구인지 몰랐다.

"사전 조사는 잘돼 가?"

그제야 나는 그 목소리의 주인공을 알아차렸다.

"아직 며칠 더 남지 않았나요?"

토르 홍보 동영상 제작과 마찬가지로 자료 조사 기한도 일주일로 주어졌다. 평일에는 이래저래 바쁘니까 작업을 제대로 못할 수 있다며 모임을 일요일로 옮겨서 그나마 작업 기한은 늘어났지만, 시간이 벌써 반이 흘렀는데도 진전이 없었다.

"그냥, 내가 뭐 도와줄 건 없나 해서."

"없어요."

일부러 더 딱딱하게 잘라 말했다. 신규식 선배는 잠시 뜸을 들이다가 말했다.

"뭐뭐 조사했어? 재미있는 것 좀 나왔어?"

"헐, 숙제 확인하려고 전화하신 거예요?"

"아니, 그건 아니고 나도 궁금해서 그러지."

"정 그렇게 궁금하면 따로 알아보셔야 하지 않나요?"

신규식 선배는 당황한 듯 잠시 말이 없었다. 나는 미소를 지었다.

선배는 조심스럽게 말했다.

"안 그래도 그러려고 했는데, 네 말대로 못 믿는 것처럼 보일까 봐 참았어."

"좀 더 기다리세요."

"알았어. 멋진 거 기대할게."

당당하게 전화를 끊었지만 걱정이 밀려왔다. 인터넷상에서는 청소년 성생활과 관련해 쓸 만한 자료가 거의 없었다. 있다고 해도 대부분 부정적인 자료였다. 그러니 더 바로잡아야 할 점이 있다고 선배는 말하겠지만, 사실 내 생각도 부정적이었다.

신규식 선배는 지난번 모임을 끝내기 전에 리늘 남 깊은 문제

말고 청소년의 성생활 자체에 집중해 달라고 선을 그었다. 내가 관찰할 수 있는 것은 기껏해야 학교나 길거리에서 아이들이 보여 주는 애정 행각 정도다. 쉬는 시간에 남학생 무릎에 자랑스럽게 앉아 있는 여학생을 보면 미쳤다는 생각이 들면서도, 다른 한편으로는 내가 그러지 못해서 질투하는 것 같아 기분이 나빠졌다.

나는 주변에서 또래 상담을 많이 한다고 알려진 이정현에게 적당한 사례가 있을지 물어보았다.

"혹시 너한테 성생활을 상담하는 애는 없니?"

"뭐? 내가 무슨 구성애 아줌마냐?"

"아니, 뭐…… 네가 워낙 상담을 잘해 주곤 하니까 혹시나 해서."

"내 친구들은 그런 날라리 아니야. 그리고 설령 그런 상담을 했다고 해도, 내가 왜 너한테 친구들의 비밀스러운 이야기를 해 줘야 하지?"

정현이는 기분 나빠했다. 평소 가깝게 지냈다면 좀 더 이야기를 나눌 수 있었을지 모르겠지만 더 이상의 대화는 불가능했다. 어떻게 하면 좋을까 고민되었다. 나는 최악의 결과는 피하고 싶었다. 그런 생각이 들자 신도 나지 않고 진척도 없었다.

★★

선생님은 대형 모니터가 있는 진로 상담실을 임시 제작 회의

장소로 써도 좋다고 할 정도로 도움을 주었다. 기본적으로 선생님은 "안 된다."라는 말보다 "어떻게 하면 가능할까?" 하는 태도로 말하는 분이기에 나는 세세한 것까지 의논하며 도움을 요청했다.

나는 동아리 활동에 참가하기로 한 사람들 목록을 선생님에게 보여 주었다. 선생님은 목록에 있는 여러 아이들을 알고 있었다. 1학년 후배인 양수정도 알고 있었다. 선생님은 나에게 수정이 같은 아이도 끝까지 참여하도록 모임을 꾸려 가면 좋겠다고 했다. 그렇지만 어제 수정이와 통화해 보니 제대로 안 될 것 같아 어떻게 하면 좋을지 선생님에게 상의했다.

"거참, 주제 한번 걸작이네. 너 정말 어떻게 만들려고 그러니?"

"솔직히 저도 잘 모르겠어요. 성생활을 하는 아이들은 있는데, 그게 비공식적일 수밖에 없잖아요. 아이들은 자랑처럼 떠들려 하고 어른들은 쉬쉬하고 있어서 한번은 다뤄야겠다는 생각만 있었어요."

"그런데 그걸 1학년 여학생에게 자료 조사를 맡겼다고? 너희 세계에서는 수정이가 그쪽 전문가니?"

"아뇨. 어쩌다 보니 일이 그렇게 됐어요."

"너 너무 막 하는 거 아니니?"

"선생님께서 가볍게 움직이라고 하셨잖아요. 어떻게 보면 저희 동영상을 볼 평범한 아이들과 눈높이가 맞는다고 할까요?"

선생님은 끄응 소리를 내며 의자에 기댔다.

"그렇기는 하지. 그런데 너는 이미 뭔가 꽤 안다는 것처럼 말하는구나."

나는 선생님 말에 웃음이 빵 터졌다.

"선생님보다는 청소년 성생활에 대해 더 잘 알겠지요. 비공식적인 이야기는 우리 사이에서만 돌고 도니까요."

선생님은 의미심장한 표정으로 말했다.

"정말 그럴까?"

★★

나는 점심시간에 수정이를 진로 상담실로 불렀다.

"수정아, 너 자원봉사 시간 많이 채웠니?"

"아니요."

"이번에 청소년정책연구원 등에서 나온 자료가 있는데 말야. 그거 타이핑해서 관련 기관 홈페이지에 올릴 수 있게 해 주면 자원봉사 시간으로 쳐줄게."

나는 슬며시 자료를 내밀었다. 수정이는 자료의 양을 보고 질색을 했다. 자료는 내가 연수를 받을 때 소개받은 보고서와 도서로, 청소년의 성 문화를 다룬 내용이었다. 수정이가 자료의 제목을 흘깃 보았다. 그렇지만 반가워하는 기색이 없었다. 내가 자료에서 타이핑할 부분을 찾아 보여 주었더니 그제야 수정이의 표정이 서서히 풀렸다. 다른 자료에서도 여러 사례와 통계를 찾아서 보여 주자 수정이 눈빛은 완전히 먹잇감을 눈앞에 둔 사자처럼 변했다.

학생들은 교사들이 정식 연수로 성교육도 받는다는 것을 알지 못했다. 그리고 아이들이 학업 문제보다 더 많이 남몰래 상담하러 오고, 선생님들끼리 고민을 나눈다는 것도.

아무튼 수정이는 제 딴에는 짐짓 심드렁한 척 물었다.

"이거 언제까지 하면 되나요?"

"으음, 방학 때 올리려고. 그러니까 여유 있게 해도 돼. 물론 빠를수록 좋기는 하지."

수정이는 숨길 수 없는 경쾌한 목소리로, 빠르게 할 테니 약속한 자원봉사 시간은 줄이지 말아 달라고 부탁했다. 나는 일부러 뜸을 들인 다음에 그러겠다고 대답했다. 수정이는 카우치서핑에 대해서 들었을 때처럼 신이 나서 뒤도 돌아보지 않고 내가 준 자료를 챙겨서 나갔다.

★★

멋진 자료를 만들자고 생각하니 신이 났다. 별 기대를 받지 못한 내가 멋지게 발표했을 때 사람들이 보일 반응, 특히 신규식 선배와 동민이 모습이 상상되어 마음이 들떴다. 나를 무시한 김신년 선배까지 초대해서 코를 납작하게 만들고 싶었다. 조별 작업에서 뒤로 빼던 내가 이번에는 프레젠테이션 파일까지 멋지게 만들었다.

일주일 만에 아이들이 모두 모였다. 정확히 말하면 지난주 토요일에 만나고 이번 일요일에 만난 거니까 여드레 만이었다. 모두들 어제 밤늦게까지 작업했는지 얼굴이 푸석해 보였다. 하지만 그사이 각 조의 조원들은 서로 친해진 것처럼 보였다. 살짝 부러웠다.

　신규식 선배는 리더로서 일단 토르 홍보 동영상 심사부터 시작했다. 1조는 영화 〈토르〉의 장면을 패러디해서 홍보 영상을 만들었다. 자막을 감각적으로 바꿔 재미는 있었지만 예상했던 바였다. 2조도 내용은 달랐지만 접근 방법은 1조와 같았다. 3조는 서툴지만 자신들의 연기로 풍자 UCC를 만드는 우리 동아리의 성격을 보여 주었다. 신규식 선배와 문병수 선생님이 심사 위원 역할을 맡았다.

　문병수 선생님은 이렇게 말했다.

　"서툴러도 남과 다른 것을 시도해야 의미가 있다고 생각해요. 지금 당장은 부족해 보여도 꾸준히 연습하면 작품의 수준은 언젠가 올라가겠지요. 그러니 출발점에서만큼은 숙련도보다 독창성이 더 중요하게 작용했으면 합니다."

　이어서 신규식 선배는 아예 콕 집어 3조의 작품을 선정해야 한다며 이렇게 말했다.

　"원래 지난번에 잠깐 온 신년이라는 친구와 정말 동아리를 함께하고 싶었어요. 그런데 지난주에 그 친구의 태도를 보고 생각을 바꾸게 됐습니다. 우리 동아리가 벌써 프로인 척하는 친구들이나 프로를 닮고자 하는 친구들로 채워진다면, 다른 곳에서도 하는 것과 비슷하게 만들기 쉽다는 생각이 들었어요."

　선배와 선생님이 말한 시각에서 보니 3조의 작품이 독특해 보였다. 결국 3조가 만든 동영상이 당선작으로 뽑혔다. 신규식 선배는 당선작을 낸 조장에게 한마디 하라고 기회를 주었다.

　"처음에는 저희도 기존의 영상을 패러디하려 했습니다. 원래

이 모임을 공지할 때도 그런 영상들이 있었으니까요. 하지만 그건 새롭다는 생각이 들지 않았어요. 조원들도 공감하니 더 힘이 나서 과감한 시도를 하게 되었답니다. 찍는 과정이 재미있어서 우리는 결과와 상관없이 이미 많은 것을 얻었다고 생각했습니다. 그런데 결과까지 좋으니 더 기분이 좋네요."

3조 5명을 빼놓고 다른 조원들의 표정은 밝지 않았다. 신규식 선배는 분위기를 바꾸려는 듯 나에게 조사한 자료를 발표하라고 했다.

첫 번째 슬라이드에는 자료 조사의 범위를 밝히는 내용을 집어넣었다.

"청소년 관련 성 문제는 주로 자위나 음란물 중독 같은 욕구 조절의 측면에서 보는 경우가 많고, 대한가족계획협회가 제시한 통계의 실제 상담 사례도 이 부분이 절반을 넘더라고요. 그렇지만 지난번에 신규식 선배가 말한 것처럼, 우리는 실제 청소년의 성생활이라는 주제에 집중하기로 했으니 그것에 관해서만 말씀드리겠습니다."

나는 중간에 한 번도 쉬지 않고 연습한 대로 죽 설명했다. 다음 슬라이드로 넘어가려는데 어떤 아이가 말했다.

"좀 천천히 말해 주세요."

이것은 내 예상 시나리오에 없는 반응이었다. 내 유창한 발표를 흥미롭다는 듯한 눈빛으로 조용히 지켜보는 모습만 상상했던 나는 당황했다.

잠시 얼어붙어 있는 나를 보며 선생님이 한마디 했다.

"편하게 해. 조사한 자료를 다 전달해 주고 싶어서 마음이 급

하다 보니 빨리 말하게 되겠지만."

진행을 하던 신규식 선배가 선생님의 말을 받아 덧붙였다.

"어차피 정보는 앞으로 계속 이야기하면서 나누면 되니까, 오늘은 핵심만 말해도 돼요."

몇 사람이 거들어 주는 틈을 타서 정신을 수습할 수 있었다. 나는 심호흡을 한 뒤, 다음 슬라이드에서는 실제 성관계를 맺는 청소년의 비율을 보여 주는 통계를 소개했다. 생각보다 많다며 모두들 놀랐다. 나도 자료를 처음 봤을 때 느낀 바였다. 그리고 자료를 조사하면서 예상했던 반응이었다. 이제야 내가 원하는 방향으로 가고 있다는 생각에 마음이 놓였다.

"지금 보시는 통계처럼 청소년의 성생활은 어른과의 성매매나 교제에 의한 것도 있습니다. 그러나 어른들이 생각하는 것처럼 일부 날라리 같은 학생만 성관계를 맺는 것이 아닙니다. 밤늦게까지 학원이나 독서실에서 지내는 이른바 모범생들의 성관계 비율도 높다는 것이 특이한 사항이랍니다."

나는 일부러 신규식 선배를 주시하며 말했다. 선배는 빙긋 미소를 지었다. 나는 더 의미심장한 미소를 지어 보냈다. 상대방의 비밀을 꿰뚫어 보고 있다는 눈빛과 함께.

"그래서 저는 우리 동영상이 이른바 모범생의 성생활을 다뤘으면 합니다. 그러면 많은 사람에게 더 충격을 줄 수 있고 반전의 재미도 있을 것 같습니다. 3조가 했던 방식처럼 모범생인 신규식 선배가 연기를 해 줘도 좋고요."

내가 슬라이드를 넘기면서 말하자 아이들이 웃었다. 나는 내 이야기에 웃는 줄 알았다. 그러나 아이들은 슬라이드에 난 오자를 보고 웃은 거였다. 애초 '청소년의 성생활'을 작게 써서 × 표시를 하고, '모범생의 성생활'을 크게 써서 강조하려 했다. 그런데 그만 '청소녀의 성생활'이라고 잘못 입력한 것을 눈치채지 못했다. 완벽하게 준비했다고 생각했는데 실수를 하다니, 속상했다.

누가 '모범생의 성생활'보다 '청소녀의 성생활'이 더 관심을 끌기 좋다고 우스개처럼 말했다. 에로 영화를 만드는 것도 아니고 그게 뭐냐고 말하려는데, 선생님마저 '청순녀의 성생활'로 가는 것도 좋겠다고 말했다.

"미국의 어떤 여배우가 마치 자신의 몰래 카메라인 것처럼 자극적인 제목을 달아서 일부러 동영상을 배포한 적이 있어. 그런 영상을 보는 사람들에게 경각심을 주기 위해서였지. 너희도 그렇게 해 보면 어떨까?"

선생님이 기존 사례를 소개하자, 원래 풍자 동영상에 관심이 있어 모인 아이들답게 여러 가지 아이디어를 냈다. 저마다 근사하게 이유를 댔지만, 모두 내 실수를 놀리는 것 같았다.

상황이 이렇게 되자 더 당황스러웠다. 내 안에 탄탄하게 쌓여 있던 것에 쩍 하고 금이 가는 기분이 들었다. 다음 슬라이드부터는 허둥지둥 넘기기 바빴다.

★★

수정이는 자료를 훌륭하게 조사하고 발표했다. 그런데 중간에 사소한 실수를 한 뒤로 허둥대며 자신감을 잃었다. ⏌ 실수 자제는 별로 문제가 아니었다. 오히려 그 실수 덕분에 우리는 이런저런 아이디어를 내며 재미있는 시간을 보냈다. 문제는 실수에 대한 수정이의 반응이었다. 수정이는 자기가 잘한 점보다 못한 점을 더 크게 보고는 발표를 망쳤다고 여기는 듯했다.

희진, 연수, 동민, 예서 등 주변에 있던 아이들이 진심으로 칭찬해도 수정이는 믿지 않는 눈치였다. 그래서 나는 칭찬을 늘어놓아야 했다. 깨알 같은 통계와 생생한 상담 사례는 정말 생각지도 못한 자료였으니 그런 칭찬을 받을 만했다.

그러나 수정이는 다른 사람들의 칭찬보다 자기 안에서 울려 퍼지는 자책의 목소리에 귀를 기울이고 있었다. 내가 성적표를 받아들었을 때와 똑같은 자책의 목소리일 것이다. 남들이 보면 부러워할 성적이지만, 내 기대만큼은 아니라며 스스로를 한심하게 보던 것처럼. 그런 마음을 수정이의 두 눈썹 사이에 생긴 주름에서 읽을 수 있었다.

★★

신규식 선배의 부탁으로 내가 조사한 자료를 인터넷의 토르 카페에 올려놓았다. 자료를 보고 적극적으로 댓글을 다는 사람은 많지 않았다. 처음부터 작정하고 잘하려고 한 것은 아니었지만, 그래도 정성껏 준비한 자료여서 내심 서운했다. 마음을 다독거려도 기운이 빠지는 것은 어쩔 수 없었다. 그럴수록 완벽하게 발표하지 못한 게 후회되었다.

힘이 빠져서 한참을 침대에 누워 있다가, 일어나서 가방에 넣

어 둔 핸드폰을 꺼냈다. 모르는 번호의 전화들이 와 있었다. 그
리고 예서가 보낸 문자 메시지도 있었다.

　"너도 선배들 신경 쓰기 싫어서 그만둘 거야?"

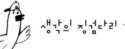
생각의 징검다리

긍정 에너지가 넘치려면?

　미국 컬럼비아 대학교 심리학과의 토리 히긴스(Tori Higgins) 교수는 행동의 동기를 '접근'과 '회피' 두 가지 차원으로 설명한다. 접근 동기는 무언가 좋은 것을 얻기 위해 또는 그것에 가까워지기 위해 어떤 일을 열심히 하려는 것이다. 이와 반대로 회피 동기는 무언가 좋지 않은 것에서 벗어나기 위해 열심히 일을 하려는 것이다.

　수정이의 경우 이야기 초반에는 회피 동기에서 뭔가를 하려고 했다. 미려가 잘난 체하는 상황을 피하고자 일을 벌이고, 최악의 발표가 되는 것은 피하려고 자료를 찾거나, 대학에 가지 못하는 최악의 상황은 피하려고 적당히 공부하는 식으로 말이다. 규식이도 자기가 목표로 삼는 최고 집단에서 떨려 나는 것을 피하려고 공부를 했다.

　이처럼 청소년에게 강조되는 메시지는 주로 회피 동기와 관련이 있다. "공부 열심히 하지 않으면 나중에 먹고살지 못한다.", "공부하지 않으면 무시당한다." 등 행복해지기 위해서가 아니라 불안과 불만족에서 벗어나기 위해 살라고 한다. 세상은 현실적인 조언을 해 준다며, 경각심을 갖게 해 준다며, 회피 동기를 주고 있다. 그러나 이런 회피 동기 자체가 부정적인 감정이기 때문에 스트레스가 심하며, 원하는 목표를 이루어도 별로 기쁘지 않다는 문제점이 있다.

　이에 견주어 접근 동기의 메시지는 잘 주어지지 않는다. "네가 좋아하는 것을 찾아 노력하면 진정한 행복을 얻을 수 있다.", "착하게 살면 개인적으로도 행복하고 사회도 좋아져서 내 가족들까지 그 혜택을 보게 된다."
는 말은 무시당한다.

물론 세상에는 피해야 하는 부정적인 상황이 있다. 또한 거기에 효과적
으로 대처하는 방법으로 회피 동기가 쓰일 수 있다. 학교 폭력 문제에 대
해 "멋지게 해결해서 내 능력을 보여 줘야지."라기보다는 "이런 문제가 생
기기 전에 피할 방법을 찾아야지."가 적절한 것처럼 말이다. 그러나 적어
도 긍정적인 미래를 위해서라면 회피 동기보다 접근 동기를 먼저 고려해
야 한다.

긍정적인 에너지를 주기는커녕 부정적인 상황을 피해야 한다고 스트
레스를 주면서 힘을 내라고 하는 것은 잘못이다. 회피 동기를 가지면 즐거
운 일도 즐겁게 할 수가 없다. 즐거움을 느끼지 못하니 그 과정이 어떻게 만
족스러우며, 어떻게 좋은 성과가 나오겠는가. 그리고 좋지 않은 경험을 했
는데 어떻게 또 어떤 새로운 일에 도전하고 싶은 마음이 생기겠는가. 반대
로 접근 동기를 가지면 일의 즐거운 측면들이 잘 보인다. 그래서 남들이 보
기에 괴로운 일에도 계속 도전하게 된다.

회피 동기에서든 접근 동기에서든 무언가 열심히 할 수는 있다. 그렇지
만 회피 동기는 해당 목표에 수동적인 태도를 취하게 한다. 반면 접근 동
기는 해당 목표를 이루게 할 뿐만 아니라 다른 일에도 긍정적인 에너지를
갖고 도전할 힘을 준다. 자기 자신과 다른 사람에게 주로 어떤 동기를 주
고 있는지 생각해 보자. 그러면 자신이 도전을 어떻게 하고 있는지, 왜 못
하고 있는지, 어떻게 하면 되는지 등을 확인할 수 있을 것이다.

6
간당 간당

모이기로 한 시간이 20분이나 지났는데도 끝내 모습을 드러내지 않은 아이들이 많았다. 나는 연락처를 적은 종이를 힐끗힐끗 보면서 일일이 이름을 불렀다.

"김동근, 김류아, 김연수, 김혜린, 박병준, 박제호, 심지은, 양채원, 양수정, 원담경, 이희진, 이찬우, 이연호, 조예서, 조동민, 추서현."

내 목소리는 점점 더 작아졌다. 참석자는 나를 포함해서 겨우 8명. 나머지 9명은 연락도 없이 오지 않았다. 마치 약속이나 한 것처럼. 나는 한 명 한 명에게 전화를 걸려고 했다.

그때 1학년 병준이가 눈치를 살피며 말했다.

"제호랑 지은이는 자기들이 기대했던 것과 다른 것 같아서 앞으로 참여하기 힘들다고 전해 달래요."

나는 병준이에게 물었다.

"기대와 달라? 어떤 점이?"

"저도 몰라요. 그냥 그렇게만 전해 달라고……"

병준이는 곤혹스러운 표정으로 대답했다. 아마 더 분명하게 말했을 거다. 딱 눈치가 그랬다. 나는 1학년 예서에게 어찌 된 일인지 물어보았다. 예서는 들은 이야기가 없다고 대답했다. 출석자는 대부분 3조였다. 나는 불길한 예감이 들었다.

전화하는 사이 동근이한테서 문자가 왔다.

미안해. 기말고사 준비 때문에 못 나가.

김혜린도 공부 핑계를 대는 비슷한 문자를 보내왔다. 나머지 1학년들에게 연락했지만 전화를 받지 않고, 생각보다 시간을 많이 투자해야 해서 동아리 활동이 힘들 것 같다며 미안하다는 등의 문자만 보냈다.

"기말고사는 2주나 남았는데 벌써부터 그러네. 그리고 공부 때문에 그런 거라면 내가 도와줄 수 있는데 말야."

내가 이렇게 말하자 희진이가 혀를 차며 말했다.

"규식아, 얘네가 전부 공부 때문에 빠졌다고 생각하니? 일주일 만에 갑자기 공부에 열의를 불태운다고?"

"나도 뭔가 다른 이유가 있을 것 같다는 생각이 들긴 하지만······.”

“너는 애들이 왜 그런다고 생각하는데?”

나는 조심스럽게 말했다.

“막상 홍보 동영상을 만들고 보니까 동영상 만드는 게 얼마나 힘들지 겁이 나서?”

내 말에 희진이는 크게 웃었다.

“너 지난주에 3조가 뽑힌 다음 다른 조 아이들 표정을 제대로 보지 않았구나?”

“표정이 어땠는데?”

3조 김연수가 끼어들었다.

“어떻긴. 우리가 왜 1등이 아닌지 모르겠다며 완전 붉으락푸르락했잖아.”

“솔직히 기분이 더러웠지.”

2조 조장 서현이가 고개를 끄덕이며 맞장구쳤다.

“어, 난 아니었는데.”

담경이가 눈치 없이 끼어들자, 서현이가 매섭게 째려보았다. 담경이는 목이 고장 난 로봇처럼 삐딱하게 서현이를 바라보다가 가방을 챙겨서 나가며 말했다.

“나보다 더 4차원으로 돌아가는 모임이네요.”

내가 잡을 틈도 없이 담경이가 나가 버렸다. 나는 아이들을 진정시키기 위해 말했다.

“그거야 순간적인 감정이고, 어차피 우리는 한 팀으로 멋진 UCC를 함께 만들 텐데 무슨 상관이야. 내가 그때도 말했잖아. 그냥 잘하기보다는 우리만의 독특한 UCC를 만들자고. 그러느라 시행착오를 겪는 거니까 실망하지 말자고."

서현이가 더 날 선 목소리로 말했다.

"네가 실망하지 말라면 애들이 '아유, 그렇군요!' 하면서 스위치를 켜고 끄는 것처럼 감정이 바뀐대?"

"대단한 일도 아닌데 1등을 못하면 어때? 다음에 잘하면 되지, 왜 지레 포기해?"

"야, 너는 계속 1등만 하다가 시험 잘못 보면 기분 나쁘지 않니? 다음에 더 잘하면 된다는 생각에 바로 기운이 나던?"

"이건 그거랑 다르지."

"정말 그렇다고 생각하니?"

나는 곰곰이 생각해 봤지만 결론이 달라지지는 않았다. 나는 PD 선배에게 들었던 감동 어린 말을 알아듣기 쉽게 전달하려고, 아니 되도록 부드럽게 전달하려고 애써 화를 억누르려 했다. 그러나 말투에는 내 의도를 몰라주는 아이들을 향한 짜증이 섞였다.

"에이, 그래서 처음부터 내가 투자가 아니라 도전을 해야 한다고 말했잖아. 그런 자세는 도전이 아니라니까. 중간에 경험하는 안 좋은 것들까지도 큰 목표를 향해 나아가는 과정이라 생각하고 더 열심히 해야지."

이번에는 희진이가 끼어들었다.

"너부터도 공부하는 시간 쪼개어 동아리 만들었는데 몇 주 만에 아이들이 보이콧해서 박살 나게 되니까, 지금 전화기 붙들고 안달복달하기 시작했잖아. 이런 것도 웃으면서 감내해야 하는 거 아니야?"

희진이 말에 나는 부아가 치밀었다. 그런데 그다음 말을 듣고서는 대거리를 하지 못했다.

"자기가 리더로서 잘못 이끈 것은 생각하지 않고, 우리한테만 도전 정신이 부족하니 뭐니 그러면 안 되지. 열심히 노력했는데 정당한 평가를 받지 못하면 무슨 재미로 하냐? 네 말대로 대단한 상이 아닌 것에도 이러면, 나중에 뭔가 중요한 일일 때는 어떨지 더 뻔한 거 아니야? 네 마음대로 방향을 틀고 잘못되면 우리 탓을 하겠지."

옆에서 듣고 있던 서현이도 고개를 끄덕였다. 아니, 출석한 아이들이 모두 공감하는 눈치였다. 나는 뒤통수를 얻어맞은 기분이었다. 다른 아이들도 나 때문에 이런 기분을 느꼈으리라 생각하니 미안해졌다.

"내가 더 세심하게 배려하지 못한 것은 미안해."

그때 희진이가 치고 들어왔다.

"솔직히 네가 동아리를 만든다고 해서 기대가 많았어. 허투루 움직일 애가 아니니까, 뭔가 재미도 있으면서 공모전에서 상도 받을 수 있겠구나 싶었지. 그런데 하는 거 보니까 목표도 없고, 그때그때 뭘 할지 마구 정하더라. 이래서야 어느 세월에 공모전에 나가겠어?"

"어? 나는 공모전에 나간다고 한 적 없는데?"

"단편 영화를 만들자고 했다가 아이들 반응이 안 좋으니까 UCC로 공지를 바꿨잖아. 널 아는 애들은 그 이유를 다 안다고. 연습은 재미있는 것으로 하겠지만, 결국에는 뭔가 근사한 거 만들어서 스펙도 쌓을 거라고 생각했어. 그런데 이제 보니 그냥 자기 스트레스나 풀려고 동아리 만들어서 골목대장 노릇 하려는 거였잖아."

나는 희진이 모습에서 모범생과 함께 조 작업을 해서 좋은 성적을 받으려다 일이 틀어져 실망하는 아이들이 떠올랐다.

"그래서 이번 일은 결과부터 미리 기대하고 접근하지는 말자고 한 거잖아. 그래, 네 말대로 UCC든 영화든 뭔가 근사한 것을 만들어서 공모전에 낸다고 쳐. 하지만 그렇다고 해서 상을 꼭 받을 거라고 보장할 수는 없는 일이잖아? 공모전에서 상을 받을 거니 잘해 보자고 말하는 게 더 문제 아니야?"

"그래도 동아리가 무슨 전망이라는 게 있어야 아이들이 이탈하지 않고 협동이 잘되어 뭔가 이뤄지지."

"그렇게 투자 마인드로 들어오는 아이들은 우리 동아리에 필요 없어."

"그럼 지금 아주 만족스럽겠구나. 네 구미에 맞지 않는 그런 애들 다 나갔으니까 말이야. 아니지. 지금 여기 있는 애들도 지난번에 좋은 평가를 받은 조원만 남은 거니까 언제 나갈지 모르겠네. 너도 재수 없는 어른들이랑 똑같아!"

"뭐라고?"

"구체적인 방법도 알려 주지 않고서 그저 안 된다고, 그러면 실패할 거라고 저주의 말만 하잖아. 도대체 어떻게 해야 하는 건데?"

"말했잖아. 결과를 미리 걱정하지 말고, 현재에 충실하면서 마음이 움직이는 대로 가볍게 시도해 보자고."

"그긴 되는대로 하는 기잖아."

"그런 거 아니야."

"그렇다면 지금 이 자리에 오지 않은 아이들도 자기 마음이 움직이는 대로 선택한 거지."

"아니, 그건 포기지."

"뭐? 남이 하면 포기고, 네가 하면 도전이야? 그저 너 편한 대로 갖다 써도 되는 거였어?"

"아니야. 도전은 아주 명확한 거야. 에디슨을 떠올려 봐. 어릴 때는 정말 엉뚱해 보이는 사고뭉치였지. 집이 가난해서 실험 도구를 마련할 돈이 없으니까 아빠가 기차에서 물건이라도 팔라고 했어. 그래서 에디슨은 자기가 좋아하는 실험을 하려고 물건을 팔아 돈을 모으고 짬짬이 실험도 했지. 그 모습에 감동한 차장이 화물칸 안에서 실험을 할 수 있게 해 줬어. 실험하다가 물건을 불태우기도 해서 곤란한 상황에 놓이기도 했지만, 온갖 역경을 이겨 내고 전신기를 만들어 훌륭한 발명가가 될 수 있었지."

아이들은 에디슨 전기를 한 번쯤은 읽어 봤기 때문에 별로 귀담아듣지 않는 눈치였다. 나는 목소리에 더 힘을 주어 말했다.

"자, 모르겠니? 이게 도전이야. 에디슨은 아무 탈 없이 순조롭게 탁 트인 곧은길로 간 게 아니었어. 어떤 결과가 와도 자기가 좋아하는 것을 포기하지 않았지. 아무튼 이왕이면 좋은 결과가 있기를 바라지만, 그렇지 않더라도 자기가 좋아하는 길로 가 보는 거야."

서현이는 고개를 가로저으며 말했다.

"그건 위인들한테나 있는 도전 정신이라니까. 애초부터 우리하고는 다르다고."

"처음부터 우리와 달랐던 게 아니라, 우리와 달라지게 된 거야. 그러니까 멋지게 살고 싶다면 우리도 그런 도전 정신을 기르면 돼."

"됐다, 됐어. 이건 뭐 닭이 먼저냐 달걀이 먼저냐 싸우는 것도 아니고, 답이 안 나오겠다."

"아니, 답은 나왔는데 그것대로 살려는 용기가 없어서 움직이지 않는 거겠지."

"뭐라고?"

여태까지 잠자코 있던 동민이가 분위기 정리에 나섰다.

"잠깐만요. 그냥 우리가 오늘 하려고 했던 것부터 하는 게 어떨까요?"

나는 희진이와 서현이를 번갈아 보았다. 둘은 서로 힐끗 보고 나서 다시 고개를 돌려 나를 잡아먹을 것처럼 바라보았다. 팽팽한 긴장이 흘렀다. 머릿속에서는 방금 전 두 사람이 내게 퍼부은 말들이 계속 반복되었다.

동민이가 정적을 뚫고 말했다.

"대체 도전이라는 게 뭐예요? 당장 오늘 할 일을 하는 게 더 중요하지 않은가요?"

우리 세 명이 서로 한 치도 물러설 기색을 보이지 않자, 연수가 자리를 박차고 나갔다. 잠시 뒤에는 다른 아이들도 주섬주섬 짐을 챙겨 일어났다. 동민이도 깊은 한숨을 쉬고 나서 교실을 나갔다. 희진이와 서현이는 신년이가 했던 것과 비슷한 말을 하고서 마지막으로 떠났다.

"그러니까 머리만 쓰지 말고 더 준비한 뒤에 넘벼야 했어. 네 능력이 안 되면 전문가의 도움을 받아서 차근차근 해야지. 이건 그저 무모함일 뿐이야. 네 시행착오 게임에 왜 우리가 놀아나야 해?"

★★

월요일, 동민이가 나를 찾아올 줄은 상상도 못했다. 우리 반 아이들은 내가 책과 노트를 빌리러 다른 반에 간 사이에 동민이가 우리 반에 와서 나를 찾았다고 눈을 반짝거리며 호들갑을 떨었다.

"네가 어떻게 동민이를 알아? 아니, 동민이가 너를 어떻게 아니?"

내가 같은 동아리라고 하자 표정이 누그러졌다.

'뭐지? 이 분위기는?'

그다음에는 동아리에 대한 질문이 쏟아졌다. 뭘 하는 동아리인지, 어떻게 가입하면 되는지, 잘생긴 남학생들이 많은지 등등. 수업 시작종이 나를 살렸다.

다음 쉬는 시간에 동민이가 다시 나를 찾아왔다. 그리고 여러 가지 질문을 했다. 혹시 다른 조장들한테서 모임에 나오지 말라는 연락을 받았는지, 동아리에는 계속 나갈 생각이 있는지, 만약 자기가 비슷한 UCC 동아리를 만들면 함께할 것인지 등등.

"난 1학년끼리 모여서 동아리를 만들 거야."

"왜?"

"사실 1학년 아이들이 빠진 이유는 따로 있었어. 선배들이 그냥 나오지 말라고 해서 그런 게 아니야."

"무슨 이유인데?"

"재미가 없었대."

나는 크게 웃었다. 재미있는 동영상을 만들자고 모인 동아리가 재미없다니. 아, 통쾌해라.

"넌 혼자 자료를 조사해서 몰랐겠지만, 조 작업이 장난 아니었어. 처음엔 재미있는 동영상 보고 아이디어 내놓으면 그것으로 만들 줄 알았는데, 선배인 조장들이 딱 일만 시키고 우리 1학년은 그냥 따라야 해서 좀 그랬거든. 같은 반 애들끼리 하는 조 작업도 힘든데 처음 보는 선배들이랑 하려니 훨씬 더 힘들었지. 앞으로도 계속 이런 식으로 하는 거라면 질린다고 그랬는데, 마침 선배들이 판을 깨자고 하니 옳다구나 싶었지."

"그럼 동아리를 새로 만들어서 할 생각이야?"

"응, 동아리는 복수로 할 수 있잖아."

"복수?"

"우리 학교 독서 동아리만 해도 네 개나 되잖아. UCC 동아리도 여러 개라고 문제가 되지는 않을 거야."

"다른 아이들은 뭐래?"

"우리끼리 하는 게 더 편하다고 하지, 뭐. 2학년 선배들이 자기들도 새로 만들 테니 우리더러 들어오라는데, 난 별로야."

"그럼 기존 동아리에는 몇 명이나 남는 거야?"

"글쎄, 아마 신규식 선배 한 명일걸?"

나는 하마터면 동민이 앞에서 사악한 웃음을 보일 뻔했다.

"야하하, 아아아, 저……런!"

"내 생각에, 지난번에 정한 주제는 정말 참신해서 좋은 거 같아. 그것부터 바로 시작하자. 2학기 공모전에 내려면 지금부터 부지런히 움직여야 해."

나는 좀 찜찜했다. 그것을 눈치챈 동민이가 말했다.

"마침 네가 자료를 조사했으니 우리가 함께한다고 하면 신규식 선배가 막을 수 없겠지."

★★

엄마와 약속한 한 달이 다 되었다. 그런데 동아리 자체가 아예 없어져 버렸다. 겉으로 내세울 수 있는 결과물은 홍보 동영상뿐이었다. 박살 난 모임을 홍보할 게 아니니 그것마저 쓸모가 없었다. 아이들과의 관계마저 이상해졌다. 내가 열심히 해서 얻은 것이 무엇인가 생각해 보았다. 서현이 말대로 내가 진심으로 모든 것을 과정이라고 여긴다면 이런 결과도 충분히 감내할 수 있어야 하는데…… 아, 그러지 못했다.

내가 생각한 주제를 갖고 동민이가 새로 동아리를 만들어 활동하겠다며 전화를 걸어왔을 때도 화가 났다. 동민이는 혹시나 내가 들어간다고 할까 봐 1학년 동아리라는 말을 여러 번 힘주어 말했다. 나는 그런 통화를 하는 것 자체가 불편하고 불쾌해서 하고 싶은 대로 하라고 말하고는 전화를 끊어 버렸다.

정말 나는 모임을 이끌 자격이 없는 걸까? 서현이나 희진이 말처럼 마구잡이 운영이 문제였다는 생각도 들었다.

문병수 선생님에게는 부끄러운 마음에 사정을 다 말하지 못했다. 다만 내가 생각할 시간이 필요해서 동아리 활동을 잠시 그만두고, 아이디어는 동민이에게 넘겼다고만 말했다. 문병수 선생님은 처음에는 놀라는 기색이 역력했지만, 나를 찬찬히 살피고는 담담하게 말했다.

"사람이 일을 하다 보면 실패도 할 수 있지. 하지만 그 실패에서 아무런 깨달음을 얻지 못하는 게 진짜 실패야. 그 점을 곰곰이 생각해 보기 바란다."

문병수 선생님은 잇달아 여러 가지 질문을 던졌다. 나는 그 질문에 대답하려고 노력하면서, 동아리 활동을 통해 과연 무엇을 펼치고 싶었고 무엇을 얻고 싶었던 것인지 다시 생각해 봤다. 선생님 말처럼 그나마 다음에는 점검해 봐야 할 사항이 더 늘어난 것이 교훈이라고 생각하며 스스로 다독거렸지만, 허전한 마음은 어쩔 수 없었다.

동아리가 깨진 그날부터 사소한 일에도 화가 치밀어 올랐다. 교실에서 다시 참고서를 넘기는 내 모습을 보며 신년이는 "역시 송충이는 솔잎을 먹어야 해."라고 말했다. 정말이지 한 대 치고 싶었다. 죄지은 사람처럼 나를 피하는 예전 동아리 아이들이나, 너무 떳떳해서 내가 피하게 되는 아이들을 보면 화가 났다. 그리고 화가 난 감정은 항상 나에 대한 자책으로 이어졌다. 어떻게 생각하든 나는 승리자나 생존자가 아니라 실패자였다. 타임머신이 있다면 이런 상황이 벌어지기 이전으로 가거나 훌쩍 미래로 날아가 이 순간을 벗어나고 싶었다.

★★

동민이는 기말고사를 앞두고 동아리 모임을 소집했다. 지난번 신규식 선배 동아리에 참여했던 1학년 9명 중 5명이 모였다. 내게 동아리에 대해 캐묻던 여자애들도 당장은 시험 때문에 못 나가지만 다음 모임에는 꼭 나오겠다고 했다.

시험이 끝난 뒤 여름방학 직전에 다시 모이게 되었다. 1학년 동아리여서 학교 전체에 공지하지도 못하고, 신규식 선배가 마음에 걸려 요다 선생님에게 부탁하지도 못해서 각자 친구의 친구를 소개하는 방식으로 모였다.

동민이는 리더로서 주제를 공유했다. 그리고 나는 예전에 조사했던 자료를 다시 발표했다. 예전보다 더 완벽했고, 박수도 더 많이 받았다. 그렇지만 꿈에 시간 여행을 해서 같은 일을 반복하는 듯한 느낌을 떨쳐 낼 수 없었다. 재미가 별로 없었다.

동민이는 그동안 자기가 먼저 준비한 것이라며 기획안을 발표했다. 기획안의 문구들은 멋졌지만 구체적인 동영상이 없다 보니 아직은 뭐라 하기 어려웠다. 예를 들어 "청소년의 인터뷰를 1분간 인상 깊게 넣은 뒤 통계 자료 제시"라는 대목에서는 어떤 청소년을 어떻게 취재하고, 어떤 통계 자료를 어떤 이미지로 제공한다는 내용이 없었다. "잘 만들겠다."는 말보다 조금 더 구체적인 것에 지나지 않았다. 지난 몇 년 동안 봐 온 것처럼 학생회장 선거에 나와서 멋진 공약으로 아이들의 마음을 사려고 드는 것과 똑같지 않은가 하는 느낌이 들었다.

동민이는 방향을 정했으니 이제 활발하게 아이디어를 내놓아

영상을 만들자고 했다. 동민이는 동아리 이름도 '원 샷 원 킬'이라고 정했다. 강렬한 인상을 줄 작품으로 공모전에서 단번에 성공하자는 마음을 담았다고 했다. 그런데 딱 거기까지였다. 동민이는 느끼지 못하겠지만, 자기가 싫다고 하던 2학년 선배의 자리에 그대로 올라가 있었다.

더운 여름, 휴일에 일부러 학교에 나와 냉방도 안 되는 교실에서 공모 기한 내에 UCC를 만들어 내자는 동민이의 닦달을 견뎌야 했다. 게다가 기존 수상작과 비교하면서 내가 만든 것에 뭐가 부족한지 들어야 했다. 모임에 나오는 아이들의 수는 한 주 한 주 줄어 갔다. 2학기에 정식 동아리로 등록하겠다고 했지만, 아이들은 벌써 지쳐 있었다. 마침내 동민이와 그 팬클럽만 남게 되었다.

2학년 선배들은 김신년 선배를 회장으로 해서 동아리를 등록했다. 이름은 UCC를 살짝 비튼 VCC였다. '보고 싶은 콘텐츠를 만드는 클럽'의 약자라고 했다. 공모전 따위는 생각하지 않고 그냥 즐긴다는 취지를 강조했다. 생활기록부나 자기소개서에 뭐라도 도움이 될 것을 바라는 아이들은 동민이의 동아리를 찾았고, 그저 취미로 시간을 보내고 싶은 아이들은 김신년 선배의 동아리를 찾았다.

김신년 선배가 올리는 재미난 동영상은 학교 안에서 인기를 끌었다. 또 다른 의미의 팬클럽인 셈이었다. 그렇지만 재미있게 즐길 수 있으니 아무도 문제 삼지 않았고, 일단 활기차게 돌아가는 동아리처럼 보였다. 첫 UCC 동아리를 탈퇴한 아이들이 일부 가입했다.

멋진 결과물을 만들어 신규식 선배나 김신년 선배에게 한 방 먹이겠다는 내 차디찬 마음은 녹고, 가슴에 무거운 돌덩이 같은 것만 느껴졌다. 지난 시간 동안 난 도대체 무얼 한 거지? 열심히 움직였지만 과연 뭘 얻은 것인지 불분명했다.

어느 정도 시간이 지난 뒤 나는 합창단에 가입했다. 그냥 여러 사람 가운데 하나로 녹아들 수 있는 곳을 찾아 들어가고 싶었다. 외국에 다녀온 미려의 전화에도 별로 화가 나지 않았다. 그동안 나를 괴롭힌 건 나보다 더 잘난 사람이 아니었다는 생각이 처음으로 들었다. 그러면서 다시 질문하게 되었다.

'난 그동안 대체 뭘 한 거지?'

★★

9월 말, 2학기 축제가 다가왔다. 신년이의 동아리는 축제에서 동영상을 상영할 기회를 정식으로 얻었다. 그런데 동민이의 동아리는 그럴 기회조차 얻지 못했다. 주제가 불온하다는 이유로 교장 선생님이 허락하지 않았기 때문이다.

동민이는 최초 제안자가 나라는 이유로 내게 전화를 걸어 도와달라고 부탁했다.

"선배님, 제가 여러 번 설득해 봤지만 아무 소용이 없었어요. 교장 선생님도 자랑스럽게 생각하는 선배님이 이유를 똑 부러지게 말해 주시면 마음을 바꾸시지 않을까요?"

딱히 교장 선생님이 나를 자랑스러워할 것 같지는 않았다. 굳이 내가 아니라도 1등 자리를 꿰찰 다른 아이는 어쨌든 있는 거니까. 더구나 이것은 공부와는 전혀 다른 축제에 관련된 일 아닌가. 그러나 동민이는 이른바 모범생들은 학교 안의 모든 문제에 공부라는 만능열쇠를 들이밀어 해결할 수 있다고 생각하는 것 같았다. 예전의 나처럼 머리로만 설계하고 덤벼드니 현실을 제대로 보지 못하고 무리한 부탁을 한다고 느껴졌다.

"꼭 나여야 하니?"

다급한 동민이는 꼭 내가 해야 하는 이유를 장황하게 늘어놓았다. 최초 제안자, 해당 주제에 대한 신념, 나에 대한 평판 등등, 대단치 않은 점이라도 다 모아 놓고 보니 좋든 나쁘든 이 모든 것을 경험한 것은 나 하나였다. 즉 나는 이 일에서 대체 불가능한 사람처럼 여겨졌다. 동아리 활동이 멈췄을 때 내가 했던 모든 일이 다 헛짓처럼 느껴졌던 것과 달리, 하나로 연결되는 나름의 의미가 있겠다는 생각이 들었다.

새롭게 눈이 번쩍 뜨이는 기분이었다. 내가 그러거나 말거나 동민이는 자기 생각에 빠져 계속 이야기를 쏟아 냈다. 덕분에 나는 잠자코 내 생각 속으로 침잠할 기회를 얻을 수 있었다. 나는 생각할 것이 많다며 일단 전화를 끊었다. 실제로도 생각이 꼬리를 물고 계속 이어져 대화를 할 수 없었다.

내가 동아리를 만들고, 굳이 낯선 주제에 도전하려고 했던 이유가 다시 생각났다. 학교에 이른바 일류 대학 합격 현수막을 붙이고 사라지는 졸업생 가운데 하나가 아니라 나만의 무엇을 해 보고 싶었다. 그런데 동민이가 말한 나만의 것을 녹여내려 하기보다는 은연중에 PD 선배의 말을 따라 하다가, 또는 미래의 내 모습을 미리 빌려 와 역할 놀이를 하다가 현재와 부딪쳐 문제를 만들고 말았던 것이다. 그렇다, 난 흉내만 낸 셈이었다. 다시 기회가 오면, 아니 다시 기회를 만들어 나다운 도전을 해 봐야겠다고 생각했다.

물론 동민이를 도와주고 싶은 마음이 생긴 것은 아니다. 그동안 동민이가 보인 행동이 예뻐 보이지는 않았다. 그렇지만 동민이에게 겨우 복수나 하자고 내가 추진하던 바를 포기하고 싶지는 않았다. 맨 처음에 동아리에서 제안하고 준비할 때의 감정이 다시 차올랐다. 동민이는 동민이 처지에서 일을 추진하고, 나는 내 처지에서 더 해 봐야 할 것 같았다. 어느덧 어떡하든 내가 마무리해야겠다는 생각이 들었다.

'그런데 어떻게 할까? 어떻게 하면 시행착오를 줄이면서 할 수 있을까?'

지나온 과정을 다시 돌아보니 떠오르는 게 있었다. 독창성! 처음에 분란을 일으킨 것도 독창성을 기준으로 3조를 선정해서였다. 그 독창성이 내가 만든 동아리에서 나를 몰아내게 했다. 그런데 그 독창성이 내가 만들지도 않은 동민이의 동아리 운영에 영향을 끼친다니 역설적이었다. 아이디어의 원천이 나라는 이유가 동아리를 떠난 아이까지 나를 다시 보게 만들었다. 문제를 더 독창적으로 해결해 보자는 오기가 생겼다.

처음부터 함께한 아이들이 떠올랐다. 시간이 없으니 시행착오를 겪은 아이들을 모으면 뭔가 나올지 모른다는 생각에 이르자 문득 떠오르는 얼굴이 있었다.

이튿날 나는 동민이에게 말했다.

"교장 선생님을 설득할 때 수정이가 필요해. 자료 조사는 수정이가 했으니 그 애부터 함께하자고 설득해야 할 거야. 다른 사람이 조사한 것으로 내가 생색내기는 싫으니까. 나도 당해 봤더니, 내가 한 것을 다른 사람이 쓰는 게 썩 좋지는 않더라고. 그러니까 나부터 조심해야지."

"아, 그 문제라면 걱정 마세요. 수정이도 저희 동아리니까요."

전화를 끊은 나는 생각을 좀 더 정리하기 위해 문병수 선생님과 상담해 보기로 했다.

★★

"내가 왜 신규식 선배와 함께 교장 선생님을 만나야 해?"

동민이는 고장 난 오디오처럼 계속 같은 말만 했다. 김신년 선배에게 밀리는 우리 동아리의 위상을 확고히 하는 기회를 잡기 위해서이고, 보는 이의 반응을 토대로 영상을 더 좋게 고치기 위해서라는 등의 이유를 댔다. 그런 말은 내 마음을 움직이지 못했다. 내 마음을 움직인 말은 따로 있었다.

"수정아, 내 처지도 생각해 줘. 신규식 선배는 네가 자료 조사를 맡았으니까 꼭 네가 있어야 한대."

아니, 이건 뭐지? 잘난 체하고 싶었던 모범생 선배가 능력이 안 되는 줄도 모르고 일을 벌이다가 망해서 찌그러진 스토리가 아니잖아. 동민이보다 더 동아리 구성원을 챙기려고 하잖아. 흥, 그렇게 인정해 주면 누가 고마워할 줄 알았나? 귀찮게시리 왜 날 끌어들이고 그래? 난 지금까지 헛짓만 한 셈인데, 새삼 뭔가 의미 있는 일을 한 것처럼 요란을 떨고 그래? 나는 앞으로 전화하지 말라고 하고는 끊었다.

그러나 두 시간 뒤에 다시 전화를 건 사람은 나였다.

"신규식 선배가 정말 그랬어?"

"내가 뭣 땜에 거짓말을 하겠냐?"

하긴. 아니, 그런데 신규식 선배는 왜 그러는 거야? 뭐 하자는 거지? 왜 자기 문제도 아닌 일에 나까지 끌어들이는 거야? 나는 신규식 선배의 휴대폰으로 문자를 보냈다.

★★

문병수 선생님은 무엇보다 내가 동아리 활동을 다시 하게 된 다는 사실에 반가워했다. '안다 요다' 모임을 통해서 동문을 활 용해 더 폭넓은 활동을 하겠다는 내 아이디어를 적극 지지해 주 었다. 선생님은 아예 '안다 요다' 온라인 카페에 게시글까지 올 려 주었다. 그리고 학내에서는 어떻게 할 것인지 물어보셨다.

"넌 문제가 있던 것을 아예 키워서 해결하려고 그러는구나? 좀 걱정되는데, 준비는 했니?"

학교를 오가면서도 동아리에서 만난 아이와 마주치게 되면 껄끄러운 마음에 멀찍이서 피했다. 그런데 애초부터 나를 싫어 하는 티를 팍팍 냈던 수정이를 굳이 만나서 문제를 함께 해결하 자고 하다니. 내가 미친 사람처럼 보일 것도 같아서 조심스럽게 계획을 말했다. 선생님은 바로 내가 실패한 그 지점에서 다시 시 작하는 용기가 좋다고 했다.

그런데 이렇게 이성적으로 분석해도 설명되지 않는 뭔가가 있었다. 그게 뭔지는 수정이를 다시 만났을 때 알게 되었다.

"선배님, 왜 저를 끌어들이셨어요?"

"너니까."

바보 같지만 그보다 더 좋은 답은 없었다.

"네에?"

"처음 아이디어를 떠올리게 영감을 줬고, 자료 조사도 잘했고, 동아리를 바꿔도 계속 주제를 안고 갈 만큼 남다른 애정이 있다는 것을 보여 줄 유일한 사람이니까."

수정이는 고개를 가로저었다.

"잘못 알고 계시네요. 저는 그 주제에 처음부터 애정이 없었어요. 동민이가 만든 동아리에도 안 나가고 있어요. 정이 뚝뚝 떨어져서."

"그래?"

"네."

"동민이 말은 다르던데?"

"그저 이름만 올라가 있으면 회원이라고 생각하나 보죠, 뭐. 걔는 동아리 몸집을 키워서 뭘 증명이라도 할 것처럼 군다니까요. 동아리를 키우려면 더 자극적인 주제를 만들고 더 예쁘고 잘생긴 애들을 뽑아야 한다나 뭐라나. 그리고 공모전에서 입상해야 한다고 얼마나 아이들을 다그치는데요. 그 꼴 보기 싫어서 두 번쯤 나가고 안 나갔어요."

나는 잠시 말문이 막혔다. 하지만 수정이가 동아리를 나온 편이 더 좋다는 생각이 들어 저절로 웃음이 나왔다.

"그럼, 우리 작품 하나 만들어 볼래?"

"무슨 작품을요? 아니, 그리고 왜 제가 선배님이랑 해야 해요?"

"잠깐만 내 얘기 좀 들어 봐."

수정이를 다시 만나면 해 주고 싶은 말이 있었다. 자료 조사를 잘하고서도 자기 자신을 인정하지 못해 혼자 기어들어 갈 때 말해 주지 못한 것이 아쉬웠다.

"왜 너를 끌어들이느냐고 했지? 나는 너한테서 내 예전 모습을 봤어. 자, 우리 앞에는 지금 똑같은 장애물이 있는 거야. 남들이 다 인정할 정도로 완벽하지 않으면 해 봐도 소용없다고 생각하는 마음의 장애물."

"도대체 무슨 뜻이에요?"

"너도 이것저것 열심히 했는데 갑자기 허탈하고 뭔가 비어 있는 느낌이 들고, 그러지 않니? 진로 체험의 날 행사 때 우리 학교에 온 선배 한 분이 최선은 다하지만 완벽을 추구하지는 말라고 하셨지. 완벽한 자신은 어디에도 없으니까. 그리고 인간이 완벽을 추구한다는 것은 불가능에 도전하는 거여서 불행으로 가는 지름길이라고도 했어."

"전 완벽주의자가 아니에요."

수정이는 톡 쏘아붙였다.

"아니, 혹시나 싶어서 내 이야기를 하는 거야."

수정이가 미간이 크게 움직였다. 나는 그 틈을 놓치지 않았다.

"완벽주의자라고 해서 일을 철저하게 벌이는 것은 아니야. 자기가 실수하겠다 싶으면 아예 도전하지 않는 거지. 공부 자체가 좋아서 공부하는 게 아니라, 공부 말고는 내가 잘하지 못할 것 같아서 아예 다른 일에는 관심도 두지 않던 나에게 큰 도움이 되는 말이었어."

나는 수정이의 반응을 살피면서 일부러 더 큰 소리로 말했다.

"내 친구 한 명도 이것저것 하다가 작심삼일로 그만두는 경우가 많았는데, 알고 보니 자기는 어떤 완벽한 것을 기대하고 있었다고 그러더라고. 온 힘을 다했는데 일이 잘못되면 자신의 능력이 드러나니까 아예 하지 않는다는 게 신기하지 않니? 너, 이 이야기 들으면서 떠오르는 사람 없니?"

"동민이요?"

"아니. 내가 동아리 리더랍시고 있을 때의 모습을 생각하고 물어본 거야. 뭐, 지금의 동민이도 그럴 수 있겠지. 동민이도 나처럼 실수하면 달라질 기회를 얻겠지만."

"기회요?"

"내가 몰랐던 것을 이제 알게 됐으니 다른 선택을 할 수 있는 기회. 이렇게 생각하니까 내가 동아리에서 떨려 난 게 오히려 소중한 변화의 계기처럼 느껴지는 거야. 내가 포기하고 움츠러든 모든 순간이 다음에는 그렇게 하지 말아야 하는 길을 알려 주는 표지판처럼 보여서, 어느 하나도 버릴 게 없는 것 같았어. 불행한 경험이 꼭 부정적인 것만은 아니야. 덕분에 다음에는 그런 것을 피해 가며 행복에 이를 수 있으니까."

"득도한 스님처럼 말씀하시네요."

"사실 문명수 선생님과 상담하면서 깨우친 거지만, 난 이런 깨달음을 얻은 내가 자랑스러워. 왜냐하면 이제야말로 제대로 도전할 준비가 되어 있거든."

"지난번에도 도전할 준비는 되어 있다고 하지 않았나요?"

"전에는 말뿐이었고 실천하지는 않았지. 나는 그저 진로 체험의 날 행사 때 들은 말이나 그 뒤에 읽은 책을 매뉴얼 삼아 따라 했을 뿐이야. 그렇지만 더 이상은 아니야. 난 그동안 충분히 불행했거든. 그래서 앞으로는 행복해지려고."

이렇게 말하고 나니 기분이 좋았다. 나는 콕 찌르는 것처럼 수정이에게 물었다.

"우리 멋진 동영상 한번 만들어 보지 않을래?"

"이렇게 모호하게 접근해서 되겠어요?"

"물론 방법이 있지. 일단 능력 있는 동료부터 구하는 거야."

"누구요?"

"너. 양수정!"

수정이는 뜻밖이라는 표정을 지어 보였다.

"왜, 나예요?"

"너 스스로 너를 인정하지 않으면 내가 아무리 진심으로 인정하는 말을 해도 넌 믿지 않을 거야. 난 그게 뭔지 알아. 예전에 내가 그랬거든. 그래서 지금은 그냥 함께 여러 경험을 했고 꼭 필요한 사람이 너이기 때문이라고밖에 말할 수 없어."

"이렇게 비행기 태워 주면 제가 얼씨구나 좋다고 함께할 줄 알았어요?"

"지나온 길와 앞으로 갈 길이 같으니까 함께할 수 있지."

나는 예전에 여러 사람한테 들었던 말 중에서 내 경험을 통해 더 절실하게 느낀 점들을 우리 처지에 맞게 조금 바꿔서 이야기했다. 나 자신이 더 정리되는 기분이 들었다.

"혼자서는 가기 힘들어. 여러 일을 겪으며 생각한 건데, 세상은 혼자서 머리로 생각할 수 있는 것보다 훨씬 더 복잡한 것 같아. 그래서 팀이라는 걸 만들어서 함께 가나 봐. 어때? 다시 시작하는 거. 우리가 레어 아이템을 먼저 획득하는 거야. 그리고 마음껏 누리고 나눠 주며 인정받는 거지."

수정이는 여전히 고개를 갸웃거렸지만, 나는 우리가 무엇을 할지 진지하게 말했다. 학교에 이미 있는 비슷한 동아리를 또 하나 만드는 것이 아니라, 머릿수를 채우는 여러 구성원 중 하나를 모으는 것이 아니라, 대체 불가능한 사람이 모이는 동아리 운영에 대해서 말했다. 또한 열정만으로 무작정 밀어붙이자는 것이 아니라, 실패를 포함해 우리가 경험한 모든 것을 헛되지 않게 쓴다는 점을 강조했다.

★★

신규식 선배를 만난 이튿날, 나는 뭔가에 홀린 것처럼 교장 선생님을 마주 대하고 앉았다. 선배의 사탕발림 때문은 아니다. 뭔가 정말 해낼 수 있다는 믿음이 생겼다. 선배는 교장 선생님을 설득하기 시작했다. 그러나 교장 선생님은 아예 귀를 닫고 있었다.

"너희들 미친 거 아니니? 청소년들이 성생활이라는 말을 이렇게 당당히 내뱉다니."

신규식 선배는 내가 준비한 자료를 교장 선생님에게 전달했다.

"이게 뭐야?"

자료는 청소년 유해 물건 고시(고시 2013-51호)였다. 대한민국은 13세 이상의 성적 자기 결정권을 인정하기 때문에 콘돔을 비롯한 피임 도구는 청소년 등 누구나 사용할 수 있다는 내용이었다.

"뭐야, 이게?"

교장 선생님은 당황했다.

"성적 자기 결정권이 있는 청소년을 위해 교내에서 성생활을 이야기하는 것이 불법이거나 비교육적이지 않다는 근거지요. 오히려 청소년을 보호한다는 허울로 해당 정보를 막는 게 불법일 수 있다는 말입니다."

"어허, 이 녀석들 큰일 낼 녀석들이네. 그래서 축제 때 이런 걸 홍보하겠다고? 그 결과를 너희가 책임질 거야?"

내가 살짝 끼어들었다.

"방탕한 생활을 홍보한다는 게 아닙니다. 우리에게 어떤 성생활이 올바른 것일지 우리 관점에서 한번 툭 터놓고 이야기해 볼 수 있도록 마중물이 될 만한 영상을 보자는 거지요."

"답도 없으면서 문제만 던지면 그 결과는 어떻게 책임지자는 거야? 순진한 애들이 까진 애들 이야기에 충격을 받으면 어떻게 할 거야? 그런 문제에는 대비해 보려고나 했니? 생각보다 위험한 녀석들일세. 절대 안 돼!"

나는 다른 자료를 직접 교장 선생님에게 전달했다. 교장 선생님이 아예 보려고도 하지 않아서 내가 말했다.

"2012년 여성가족부가 실시한 청소년 유해 환경 접촉 종합 실태 조사에 따르면 청소년들의 첫 성경험 연령대는 15세입니다.

그중 약 60퍼센트는 피임을 하지 않고, 4명 중 1명은 임신하거나 임신하게 한 경험이 있는 것으로 나타났어요. 이런 상황이라면 올바른 성생활을 할 수 있도록 일찌감치 대비시키는 것이 현명하지 않을까요?"

"학생은 학생답게 공부를 해야지, 호기심에 어른 흉내 내서 그런 짓이나 하는 것 자체가 말이 안 되는 일이야. 하려면 절대 성생활은 안 된다는 교훈적인 메시지가 있는 동영상을 틀어 줘야지. 그런데 너희가 준비한 동영상은 그런 게 아니라며?"

신규식 선배가 따지고 들었다.

"어른 흉내라고요? 아까 전해 드린 자료 보셨잖아요. 청소년도 성적 자기 결정권이 있습니다. 무조건 숨기려 하기보다는 제대로 알고 대비할 수 있게 하는 편이 더 현명한 일이죠. 성인 흉내 내서 걸그룹의 야한 춤을 추는 여고생의 퍼포먼스나, 가벼운 웃음이나 주는 패러디 동영상이 아이들을 생각 없게 만들어서 더 위험할 수 있다는 생각은 안 해 보셨는지요?"

"그거야? 다른 동아리는 되고 너희는 안 된다고 해서 뿔이 난 거야? 그래, 그럼 걔네들도 춤추지 못하고 상영하지 못하게 해 줄게. 그러면 되겠니? 이래서 풀어 주면 오히려 문제가 생긴다니까!"

"아니, 그 얘기가 아니에요. 지금은 인터넷상에서 안전한 성생활을 위해 정보를 구하려고 해도 성인 인증을 거쳐야 해요. 주변에 마땅히 물어볼 사람도 없고, 구할 수 있는 것은 또래의 무용담 같은 이야기나 이상한 신문 기사, 야한 동영상밖에 없다고요. 그러니 이런 상황에서 우리 학교가 획기적으로 먼저 생각해 보고 정리하면 학생들도 좋고, 학교 위상도 더 높아지고, 좋지 않을까요?"

"어허, 이 녀석 진로 부장 선생님하고 친하게 지낸다더니 학교를 이상하게 만들려고 하고 있네? 지난번 진로 체험의 날 행사도 획기적으로 한다고 했다가 내가 얼마나 항의를 받았는지 알아? 무모하게 일만 저지르면 다 되는 게 아니야. 뒷수습까지 책임질 각오를 하고 덤벼야지. 아, 그리고 진로 체험의 날 행사 뒤로 네가 많이 변했다고 네 어머니도 항의 전화를 하셨다더라. 부모가 뭘 걱정하는지 알지도 못하고 자꾸 일만 만들려고 하면 안 되는 거야."

이 말에 신규식 선배가 주춤했다. 내가 대신 나서서 말했다.

"그러면 교장 선생님은 청소년 성생활을 다룬 동영상 상영은 절대 안 된다는 거네요."

"내가 몇 번을 말하니! 절대 안 돼요. 나뿐만 아니라 대한민국 모든 교장들이 안 된다고 할 거다."

"만약 아이들이 동아리에서 청소년 성생활 관련 동영상을 상영하면 어떻게 하실래요?"

"뭐? 그럼 교장 지시를 어겼으니 교칙에 따라 처벌해야지."

"그런데 왜 정부나 사회단체에서는 이런 공모전을 여는 걸까요?"

나는 동민이 때문에 알게 된, 청소년의 성 문화를 다룬 갖가지 공모전 입상작들 목록을 교장 선생님에게 보여 주었다. 교장 선생님은 시, 소설, 동영상 등 여러 공모전의 입상작들을 핵심 내용과 함께 정리해 놓은 자료를 보며 얼굴이 시뻘게졌다.

우리 둘을 잡아먹을 듯이 노려본 다음 교장 선생님이 말했다.

"이건 학교가 아니라 학교 밖에서 진행한 거잖아. 학교 안에서는 절대 안 된다. 밖에서는 상을 받을 일도 학교에서는 벌을 받을 수 있다는 사실을 잊지 마라."

나는 신규식 선배에게 눈짓을 했다. 선배는 자료 뭉치를 다시 가방에 넣고, 가방에 비스듬히 기대어 놓았던 휴대폰을 챙겨 일어났다. 나도 자리에서 일어났다. 교장 선생님은 그렇게 열을 올리던 우리가 순순히 물러나 밖으로 나가는 것을 이상하게 생각하지도 않았다.

"잘 녹화됐어요?"

교장실에서 나오자마자 나는 선배의 휴대폰을 확인했다. 시사 고발 프로그램에 나오는 것처럼 교장 선생님의 코 아래부터 탁자까지의 모습이 잡혀 있었다. 만약을 대비해 내 휴대폰에 녹음한 상태도 좋았다. 뭔가 멋진 일을 해낸 것 같아 기분이 좋았다.

"이렇게 여러 어른들의 반응을 계속 찍어서 잘 편집하면 되겠어."

"그리고 선배의 연기도요."

"알았어. 고발 버전 말고 연기 버전도 잘할 테니 걱정 마. 내가 머릿속으로 얼마나 열심히 시나리오를 썼는데……. 기대하라고."

"그나저나 동민이한테는 뭐라고 하죠?"

"실패했으니까 다른 동영상이나 상영하라고 해야지. 여태까지 모아 놓은 다양한 주제의 공모전 입상작을 틀어 주는 건 어떨지 생각해 보라고 슬쩍 얘기해 봐. 어쨌든 축제 때 홍보하면 회원이 늘어날 테니, 그나마 차선책으로 좋다고 할 수도 있지."

신규식 선배가 더 단단해졌다는 느낌이 들었다. 앞으로 벌일 모임도 잘될 것 같았다. 어제 동아리 청사진을 이야기하며 나를 인정해 줄 때부터 조금씩 마음을 열었는데, 오늘 본 선배의 모습에 믿음이 굳어졌다.

"참, 시나리오 직접 써 볼래? 실은 내가 원래 준비하려던 진짜 프로젝트가 있는데 말야……."

한 가지 일을 마무리 짓지 않고 계속 다른 생각을 하는 것은 완전 내 예전 방식이었다. 신규식 선배가 나 같은 모습을 보이니 왠지 거부감이 들었다. 그런 식의 단점은 누구보다도 내가 잘 알고 있으니까.

"자꾸 다른 거 하려고 하지 말고 일단 이거나 잘해요. 선배가 저한테 그랬잖아요. 시행착오를 겪으며 차근차근 나아가라고 말예요."

"아니, 사실은 지금 하는 게 다른 거고, 내가 이제부터 말하려고 하는 게 진짜 원래 하려던 건데……."

신규식 선배가 아이처럼 입을 삐죽거렸다.

★★

수정이와 헤어지고 집에 돌아와 계획을 다시 꼼꼼하게 다듬었다. 그런 다음 한동안 들춰 보지 않은 도전 일기에 메모를 했다. 그리고 그냥 덮기 아쉬워서 예전에 적었던 것과 지금 적은 것을 비교해 보았다. 처음에는 막연했어도 점점 구체화된 것이 있었다. 물론 여전히 막연한 것도 있었지만, 그게 두렵거나 답답하지는 않았다. 오히려 그게 앞으로 어떻게 풀릴지 기대가 되었다. 나는 아직 원하던 영상을 직접 만들어 내지 못했지만 내 꿈에 더 가까이 다가가는 기분이었다.

'그래, 도전은 실제로 행동하면서 시행착오도 겪고 새로운 자신을 만들어 나가는 거였어. 진로 체험의 날 행사 때 의미니 동기니 하는 것도 PD 선배 자신의 시행착오로 얻은 거고, 나는 내 시행착오를 겪고 나만의 길을 가야 하는 거였어. 그래서 편집장 선배나 요다 선생님이 자기들 말까지도 의심해 보라고 한 게 아니었을까?'

도전을 부르는 태도는?

어떤 일에 선뜻 뛰어들지 못하는 이유는 긍정적인 결과를 낳을 해결책이 보이지 않아서가 아니다. '실패자로 찍히면 어떻게 하지?' 또는 '문제가 생기면 어떻게 하지?' 하면서 부정적인 결과를 걱정하기 때문이다. 실제로 그런 일이 벌어질 확률이 낮아도 그것에 집착하면 '있을 수도 있는 일'로 여겨진다. 심지어 계속 걱정하면 이미 벌어진 일처럼 여겨져 '있을 수밖에 없는 일' 같은 착각이 생긴다. 따라서 부정적인 결과에 집착하면 그 가능성과 상관없이 마치 실패할 수밖에 없는 일에 어리석게 돌진하는 것처럼 느껴져 도전을 피하게 된다.

사람들에게는 새로운 것을 멀리하는 '현상 유지 편향'이라는 성향이 있다. 그래서 관행에 빠지기 쉽다. 그러나 익숙하지 않은 것은 위험한 것이 아니다. 익숙하지 않은 것은 익숙하지 않은 것일 뿐이라는 사실을 정확히 인식할 필요가 있다. 익숙하지 않으니까 위험하고, 위험하니까 도전하지 말자는 연결 고리가 생기지 않도록 말이다.

설령 위험하다 해도 그게 꼭 부정적인 것은 아니다. 세계적으로 유명한 경영학자 스티븐 코비(Stephen Covey)의 말처럼 "가장 큰 위험은 위험 없는 삶"이다. 작가 서머싯 몸(Somerset Maugham)은 "어떤 결과라도 기꺼이 받아들일 의지가 있으면 이 세상에 못할 일이 없다."고 말했다. 실패하더라도 달게 받아들이겠다고 생각하면 실패에 대한 두려움은 줄어들고, 그만큼 에너지를 긍정적으로 쓸 수 있어 성공할 확률이 높아진다. 실패하더라도 감내하겠다고 평소에 단단히 마음을 단련하고 있었기 때문에 회복력이 높다. 사람들이 고민하는 이유는 문제 자체가 복잡하거나 엄청난 희생이 필요해서라기보다는 결과를 기꺼이 받아들일 준비가 되어 있지 않기 때문인 경우가 대부분이다. 감내하겠다고 생각하면 자신을 당당히 일으켜 세워 다시 나설 수 있게 된다.

아울러 선생님이나 학부모가 흔히 보여 주는 '좋기는 한데……'라는 식의 반응도 도전에 방해가 된다. 그런 말을 할 때 깃든 감정을 잘 살펴보면, "아니요."라고 말하기가 꺼림칙해서 그러는 경우가 많다. 자신은 가만히 앉아 현상이나 유지하는 게 아니라, 나름 똑똑하게 앞을 내다보고 도전하지 않기로 선택했다고 자신을 합리화하기 위해서 쓰는 말이기도 하다. 정말 현명하다면 함께 더 좋게 변할 수 있는 방법을 생각하고 움직여야 할 것이다. "좋기는 한데."가 아니라 "좋으니까."라고 말하는 습관을 들여야 도전하는 태도를 키울 수 있다.

예를 들어 수정이가 오지 체험을 하고 싶다고 했을 때 그저 "좋기는 한데, 실행하기에는 버거우니 다시 생각해 봐."라거나 "좋기는 한데, 철저한 준비가 없으면 안 된다."고 하는 것은 별 도움이 되지 않았다. 그보다는 "좋은 아이디어니까, 정말 의미 있는 오지 체험이 되게 하려면 무엇을 해야 할까?"라고 긍정적으로 자극함으로써 자신의 생각을 스스로 검토하게 해야 한다. 그러면 중간에 포기하더라도 긍정적인 요소를 찾았던 경험이 다음 도전에 도움이 될 수 있다.

7
사실과 진실

    수정이와 나는 축제 때 여러 동아리가 발표하는 모습과 행사 내용을 휴대폰으로 열심히 찍었다. 청소년의 성생활에 대한 선생님, 부모님, 학생들의 의견도 간단한 인터뷰로 찍었다.

    그런 다음 수정이와 함께 영상을 편집했다. 청소년 성생활 자체에 대해 필요성을 느끼지 못하거나 반감을 내보이는 의견을 한 폴더에 넣고, 그 반대 의견은 다른 폴더에 넣었다. 그리고 교장 선생님이 열변을 토하는 장면으로 시작하는 동영상의 다음 장면을 어떻게 배치해야 메시지를 효과적으로 전할 수 있을지 이야기해 보았다. 고민만 하기보다는 직접 편집을 하다 보니 결과물의 모양새가 점점 나아졌다.

그런데 왠지 자꾸만 시사 고발 프로그램을 흉내 내는 것처럼 되어 갔다. 한마디로, 독특하지가 않았다.

'아, 이건 아니야.'

수정이도 같은 생각이라고 했다.

나는 청소년 공모전 정보를 모아 놓고 서로 의견을 나눌 수 있는 온라인 카페에 글을 올렸다. 해당 주제에 참신하게 접근할 수 있는 열정과 패기를 갖춘 소수 정예를 모집한다는 내용이었다. 예전에 문병수 선생님은 이렇게 진지하게 접근하면 아무도 오지 않을 거라고 말했지만, 중요한 것은 양이 아니라 질이었다. 단 한 명이라도 제 몫을 할 수 있고 뜻이 잘 맞는 구성원이 있으면 충분하다.

수정이는 나에게 용기를 주었다.

"요즘 잘나가는 혼성 듀오 가수 있잖아요? 서바이벌 오디션 프로그램 출신인데, 원래 모르는 사이였대요. 자기가 어떤 파트너를 원하는지 온라인에 글을 올리고 만나서 서로의 실력과 열정을 확인한 다음에 함께한 거래요. 우리도 그렇게 될 수 있어요. 그 사람들도 처음에는 주변에서 찾다가 안 되니까 범위를 더 넓혔을 거예요."

수정이나 나나 학교 게시판에 올려 사람을 모집한 경험밖에 없지만, 그렇게 했다가 실패했기 때문에 기존 방법에는 전혀 미련이 없었다. 차라리 이참에 학교 연합 동아리를 만들 수 있겠다 싶었다.

내용의 이해를 돕기 위해서 게시글에 지금까지 편집한 동영상을 함께 업로드했다. 동영상은 교장 선생님의 인터뷰 내용을 비틀어, "학교 안에서는 벌을 받을 수도 있는 일이 학교 밖에서는 상을 받을 수도 있다."는 말을 내 목소리로 녹음해서 마무리했다. 수정이와 내가 그 뒤에 추가로 조사한 자료도 공개했다. 이런 자료 뭉치에서 정보를 뽑아 전달하는 것 이상의 결과물을 내놓겠다는 의지를 보인 것이다.

주변에서 교직에 몸담고 있거나 벌써 학부모가 된 문병수 선생님 제자분들이 도와준 덕분에 지원자가 꽤 있었다. 온라인으로 간단한 질의응답을 거쳐 추리고 추렸더니 3명이 남았다. 이렇게 해서 해당 역할에 딱 맞는 대체 불가능한 소수 정예 5명이 모였다.

우리는 청소년 센터의 세미나실을 빌려 회의를 했다. 시나리오가 나왔고, 연기 연습을 했고, 촬영을 했다. 동영상 편집은 도서관 멀티미디어실을 예약해서 모두 모인 상태에서 진행했다.

순전히 우리 힘으로만 우리 능력과 열정을 증명해야 한다는 강박에서 벗어나니, 도움을 구할 사람이 많았다. 문병수 선생님을 통해 PD 선배의 조언을 듣고, '안다 요다' 회원들의 사전 모니터링도 받았다. 지금 바로 고칠 수 있는 것은 수정하고, 그럴 수 없는 것은 다음에 반영하기로 했다. 그리고 마감 직전에 공모전 홈페이지에 업로드를 했다.

동영상을 공모전에 제출하고 나서도 수상 여부와 상관없이 다듬어 나갔다. 그리고 다음에 하고 싶은 주제를 놓고 이야기도 나눴다. 우리가 모니터링을 통해서 알게 된 부족한 점들을 살폈더니 다음에 할 주제들이 구체적으로 나왔다.

★★

규식이와 수정이가 만든 학교 연합 동아리는 정부 기관에서 주최하는 '청소년 성 문화전'에 UCC를 출품해 연말에 우수상을 받았다. 대상은 따로 있었지만 좋은 평가를 받았다. "맛있는 음식을 시간을 들여 함께 만들었을 때 더 잘 즐길 수 있는 것에 비유해서 청소년의 성 문화를 표현한 것이 흥미로웠다.", "음식을 만드는 기술 이전에 요리를 하기 위한 진실한 마음가짐을 이야기했다. 그러면서도 가르치려 하지 않고 청소년의 성 문제를 조곤조곤 유쾌하게 다뤘다.", "콘돔이나 첫 경험 같은 내용을 다룬 자극적인 경쟁작들을 단번에 유치한 시도로 만드는 성숙한 작품", "문제의 심각성을 비판적으로만 접근한 것이 아니라, 청소년 처지에서 할 수 있는 문제 해결 방법을 제안하려 한 점이 좋았다."는 등의 평가를 받았다.

내가 작년 스승의 날에 선물 받은 팬클럽 '안다 요다'에 제자의 공모전 수상 사실을 알리면서 나는 규식이와 수정이의 변화를 떠올렸다. 고민만 하는 게 아니라 직접 행동으로 옮기면서 놀랍게 성장했다.

처음에 규식이가 내게 가져온 기획안은 콘돔과 침대가 등장하는 아주 직접적인 표현 위주였다. 정말 그렇게 찍어도 괜찮을까 싶을 정도였다. 이렇게 적나라하게 시도한 청소년 동영상이 아직 없을 테니 확 나가고 싶다고 했다. 나는 표현의 수위를 조금 낮춰서 해 보라는 조언만 했다. 그런데 나중에 들어 보니 규식이의 시나리오는 수정이가 거부했다. 규식이가 옮긴 수정이의 말이 걸작이었다.

"선배, 공부만 해서 이런 거 잘 모르죠? 선배 과인 미려라는 친구를 보면 꼭 그런 것도 아니던데……. 암튼 미려 때문에 중학교 때 가스 안전 포스터 공모전에 함께 출품해 봐서 아는데, 안전을 강조한답시고 폭발 장면을 쓰면 오히려 문제점만 더 부각되어 좋은 평가를 받을 수 없더라고요. 나중에 상을 받은 작품을 보니까 한 번 더 생각해서 비유적으로 표현한 것들이었어요."

규식이는 수정이의 실패 경험이 성공의 바탕이 되었다고 좋아했다. 바로 그 순간에는 실패라고 여겨진 것이 나중에는 오히려 성공의 밑거름이 되기도 해서 도전할 수 있는 것임을 새삼 느꼈다. 그 말을 했던 당사자인 규식이도 동아리를 교내에 등록시키지 못한 경험 때문에 학교 연합 동아리를 더 훌륭하게 만들수 있었으니까.

어쩌면 나 자신도 마찬가지일 것이다. 작년 1학기 진로 체험의 날 행사가 메시지를 과격하게 전달했다는 평가도 있어서 2학기에는 먼저 학부모 공개 간담회를 통해 공감대를 형성하는 식으로 진행했으니까. 그러고 보면 실패든 성공이든 다 내가 더 성장할 수 있도록 도와주고, 모든 일·모든 사람이 다 나에게 도움이 되는 것 같다. 그래서 뭘 해도 괜찮다는 말이 있는 것은 아닐까?

어떤 기자는 멘토 역할을 한 사람이라며 나를 인터뷰했다. 그때 나는 규식이를 떠올리면서 이렇게 말했다.

"도전이란 어느 지점에서 마침표를 찍을 수 있는 게 아닙니다. 성공했든 실패했든, 거기서 멈추는 게 아니죠. 그 결과 덕분에 새로운 문이 열립니다. 그 문은 또 다른 성공이나 실패로 이어져 있겠지만, 그래도 궁금하니까 열지 않고는 못 배기고 계속 도전하게 되죠."

규식이는 여러 인터뷰에서 자기를 도와준 사람들 이야기를 빼놓지 않았다. 또한 자신이 도전하게 된 이유를 학교 진로 체험의 날 행사부터 차근차근 내 이야기와 섞어서 말했다. 그렇지만 기사나 방송에는 각색되거나 아예 삭제되어 나왔다.

학교 이미지가 언론에 긍정적으로 나오자 교장 선생님의 태도가 변했다. 교장 선생님이 인터뷰에서 학교가 평소 동아리 활동을 적극 지원한 덕분이라는 말을 하자 수정이는 분노를 감추지 못했다.

다른 변화도 놀라웠다. 규식이가 선정적인 주제로 동아리를 이끌다가 실패했을 때 '역시'라며 놀렸던 아이들은 공모전 입상 소식에 또 '역시'라는 말을 했다. 물론 의미는 완전히 다르게.

★★

나는 공모전에서 우수상을 받은 뒤로 인터뷰를 몇 번 하게 되었다. 그런데 있는 그대로 솔직히 이야기해도 미화되는 경우가 많았다. 예를 들면 내가 교내 동아리를 그만두고 연합 동아리를 만들게 된 이유만 해도 그랬다. 능력과 열정이 부족한 사람을 교체하거나 연합 동아리를 만들려고 과감하게 정리한 것이 아니었다. 기자는 내가 남다른 기획력과 책임감과 리더십을 바탕으로 없어질 수도 있는 아이디어를 다시 살려 불굴의 의지로 마무리했다고 미화했다. 그렇지만 나는 그때그때 문제가 생기면 땜질하듯 움직인 게 다였다.

사람들은 어떻게 그렇게 방향을 바꿔 가며 창의적인 작업을 했느냐고 신기해했다. 예전에 신년이가 성의 없어 보이지만 "그냥"이라고 말한 게 이제는 어느 정도 이해가 되었다. 우리가 한 것은 그냥 동영상을 만들어서 남에게 보여 줬다가 수정하고, 또 만들고 수정하고, 또다시 만들고 그런 것이 전부다. 어려워도 불굴의 의지를 발휘했다기보다는 우연히 발견한 것이라도 더 재미있는 쪽으로 움직였을 뿐이다. 이렇게 있는 그대로 지난 일을 말하면 너무 밋밋하다는 말까지 들었다.

"정말 멋진 비법이 있으니까 이런 좋은 결과를 얻었겠지. 숨기지 말고 얘기해 봐"

이렇게 응대하는 사람들은 내 말을 믿지 않았다. 믿지 않는 사람에게 계속 인터뷰로 이야기하는 것은 맥이 빠지는 일이었다. 그래서 나중에는 인터뷰 자체를 사양하게 되었다. 사실이 왜곡될 때가 더 많았으니까.

기자들은 특히 내가 '청소년의 성생활'에 관심을 두게 된 계기를 다르게 썼다. 우리는 첫 모임에서 수정이와 나 사이에 있었던 일을 이야기했다. 그러면 그런 우연적인 일 말고 어떤 특별한 문제의식을 지니고 있었는지, 어떻게 굳게 결심하게 되었는지 이야기해 달라고 했다. 나는 그런 것은 없고 청소년 인권 영화 기사를 보게 된 것부터 이런저런 변화가 이어졌다고 이야기했다. 그러자 기자는 좋아하며 인권 영화에 대한 처음 감상을 끈질기게 물어봤다. 사실 그것은 동영상을 제작한 것과 별 상관이 없는데도 말이다.

마침내 기사는 '인권 영화 관람을 계기로 사회의 숨겨진 그늘에 대한 관심을 키워'로 나왔다. 그 기사를 보는 순간 나는 여러 청소년에 관한 기사들도 사실 그대로라기보다는 일종의 기사 작성 관행에 따라 더 인상적인 내용으로 바뀌어서 써진 게 아닐까 하는 의문이 들었다.

그런데 시간이 지날수록 기억이 왜곡되어, 인터뷰 기사를 통해서 나온 내용이 예전부터 그랬던 것처럼 느껴질 때가 있었다. 축구 경기 시작 전에는 뭐가 어떻게 될지 모르지만, 결과를 알고 난 다음에는 모든 것이 어떤 필연적인 인과 관계로 꿰어 맞춰지는 것처럼. 그럴 때면 중심을 잡도록 수정이가 옆에서 쓴소리를 해 줬다.

"처음부터 다 알고서 그랬던 것처럼 굴지 마요. 그거 거짓말이니까."

수정이뿐 아니라 신년이도 봄방학 때 비슷한 말을 했다. 그러나 같은 말도 신년이가 하면 왠지 기분 나빴다. 애써 넘기려 했지만, 신년이의 다음 말에는 도저히 참을 수가 없었다.

"너 운 좋게 공모전에서 얻어 걸렸다고 목에 너무 힘주지 마라. 원래 범생이라 타깃이 되기 쉬운 데다가 그러기까지 하면 새 학기에 아이들한테 왕따 당해."

나는 평소 신년이가 하던 식으로 대응했다.

"너나 조심해."

"내가 뭐?"

히죽거리는 모습이 꼴 보기 싫었다.

"너야말로 동아리 회장 하면서 인기 좀 얻었다고 목에 힘주지 마. 넌 고작 우리 학교 아이들한테나 먹힐 뿐이니까."

"오호, 너는 전국구라 이거야?"

"최고의 전국구는 아니지. 그저 2등상을 받았을 뿐이니까. 그렇지만 적어도 진짜 실력이 드러날까 봐 겁나서 공모전에는 아예 내지 않는 사람보다야 확실히 낫지."

"뭐라고?"

"아이들이 우리 학교에 여우가 있다고 그러더라. 자기가 포도를 먹고 싶어도 먹지 못할 것 같으니까 기준이 어떠네 주제가 어떠네 하며 포도가 시다고 하는 여우. 그래도 줄기차게 공모전에 냈다가 떨어질 때마다 온갖 핑계를 늘어놓는 다른 동아리의 너구리보다는 네가 낫다."

"뭐? 이게 알량한 상 좀 받았다고 완전 보이는 게 없구나?"

"왜 치려고? 실력이 안 되니까 주먹으로 해결하려고?"

당장이라도 주먹이 날아올 것 같았지만 그럴수록 눈에 힘을 주었다. 그동안 한 번도 보여 주지 않은 내 모습에 신년이도 당황하고 있었다.

나는 목소리를 깔면서 말했다.

"풍자 동영상을 잘 만든다고? 그게 정말 풍자라고 생각하니? 유명인이나 학교 선생님 가지고 비꼬고 장난치는 거 말고 정말 의미 있는 주제로 한판 해보는 거 어때? 인터넷에 올려서 공감 많이 받은 것으로 승자를 정하자."

"내가 왜 네가 짠 판에 놀아 줘야 하는데?"

"네가 말한 게 진짜인지 증명할 수 있는 기회를 주는 거야. 너 혼자 발로 툭툭 마우스 차면서 만들어도 더 잘할 수 있다고 했으니까. 넌 여태까지 그렇게 말만 했을 뿐 처음부터 끝까지 네 힘으로 만든 건 없잖아. 전부터 있던 것을 슬쩍슬쩍 바꾸기만 했지. 나도 예전에는 입으로 일을 했던 사람이거든. 그래서 이젠 그런 입에서 나오는 말만큼은 믿지 않아."

"됐다. 됐어."

신년이는 침을 퉤 뱉고 돌아섰다. 나는 돌아선 신년이의 등에 대고 말했다.

"그래, 그럼 겁먹어서 포기하는 것으로 알고 있을게."

신년이가 고개를 홱 돌리며 말했다.

"야, 배틀 주제는 뭔데?"

"네가 정해서 나한테 알려 줘. 우린 언제나 준비되어 있으니까."

★★

회의 결과, 신규식 선배가 가져온 동아리 대항 주제는 새로운 회원을 받아 첫 과제로 주기로 했다.

신입 회원들이 우리 동아리 이름으로 김신년 선배 동아리와 맞붙었다 지더라도 상관없었다. 만약에 져서 창피를 당하더라도 다음에 더 좋은 결과물을 내면 되니까. 맞닥뜨리는 결과에 너무 집착하지 말아야 한다는 것은 신규식 선배나 내 경험에 비추어 벌써 크게 깨닫고 있던 것이다.

공모전에 작품을 내면서 신규식 선배가 말한 것처럼 어차피 우리의 경쟁 상대는 다른 사람이 아니라 과거의 우리 자신이다. 그런 말을 했던 선배가 유치하게 배틀이나 제안하다니. 역시, 자기가 알고 있고 말한 것이라고 해서 모두 실천할 수는 없다는 점을 이번에 또 확인하게 되었다.

아무튼 우리는 언론에서 인터뷰할 때 질문받고 답변했던 내용을 재구성해서 동영상을 만들기로 했다. 다른 사람의 손을 거치면서 많이 왜곡됐으니 우리 목소리를 직접 내 보자는 데서 생각을 발전시켰다. 제작 과정은 간단했다. 동아리 회원 각자에게 마이크를 들이밀고 인터뷰하면 되었다. 그렇지만 시간이 많이 걸렸다. "이렇게 성과를 거둔 이유가 어디에 있다고 생각하느냐?"라는 질문 때문이었다.

신규식 선배는 머릿속에서 잡은 계획을 고집하는 것이 아니라 오히려 계획에서 벗어나 유연하게 움직인 것이 주효했다면서, "내가 좋아하는 사람들이 좋아하는 것을 함께하고 싶었던 마음 덕분이었다."라며 느끼한 표정으로 말했다. 인터뷰도 자꾸 하면 저도 모르게 자기가 싫어하는 사람 흉내를 내면서 번지르르한 말이 나오나 보다.

시나리오를 담당한 혜곤이는 "최선을 다하려는 마음"이라고 했고, 음악과 음향을 담당한 이주형 선배는 "새로운 것을 두려워하지 않는 자세"라고 했고, 촬영을 담당한 송의영은 "힘든 과정이 있어도 끝까지 노력하는 것"이라고 말했다.

찍어 놓고 편집하다 보니 아무리 진심으로 말했어도 새로울 것 하나 없는 교장 선생님 훈화 같아서 전혀 재미있지가 않았다. 내가 이런 대답들을 확 뒤엎을 만한 인터뷰를 해서 절묘하게 편집해야겠다는 생각이 들었다.

나는 동아리에 들어오기 직전부터 시작해서 지나온 시간을 찬찬히 생각해 보았다. 벽에 부딪혔을 때 물러나지 않고 다른 곳을 찾다 보니 다른 문이 열렸고, 그 문을 통해 들어가 다른 벽이 나올 때까지 가 본 게 전부였다. 예전에는 아빠, 엄마, 선생님, 친구들의 말을 듣고 지레 벽이라고 여겨지는 것이 나오면 물러섰지만 말이다. 단순히 새롭게 열린 문에 더 집중하는 것. 그래서 나중의 성과보다는 지금 당장 걸음을 떼는 과정에 더 신경 쓰며 온 힘을 다한다는 점이 이주형 선배와 혜곤이가 인터뷰에서 각각 말한 내용과 통하는 것 같다. 그런데 이렇게 통하는 데서 그치면 안 되고, 좀 다른 것을 이야기해야만 한다. 그것도 재미있게.

나는 동아리에 들어오기 전에는 혼자 결심해서 도전하려고 했다. 세상은 저마다 생각이 다른 사람들로 가득 차 있는데, 나만 뭔가 다른 생각으로 휘저으면 세상이 변하거나 내가 변하리라고 막연히 생각했다. 지금은 그런 생각이 망상에 가깝다고 느껴진다.

8개월 전 동아리에 들어와 실제로 사람들을 겪으면서 나는 변했다. 혼자라면 금방 포기했을지 모르지만, 똑같은 일에 다르게 반응하는 사람들에게서 배운 점이 많았다. 쉽게 포기하는 사람에게서는 나의 부정적인 모습을 발견하고 나는 저러지 말아야지 하는 깨달음을 얻었다. 또한 신규식 선배 같은 사람에게서는 나도 저렇게 행동해야지 하는 교훈을 얻었다. 그렇다고 신규식 선배가 다 좋았다는 뜻은 아니다.

우리를 인터뷰한 언론에서는 각자 어려움을 헤쳐 나가서 성공을 거뒀거나 어느 한 사람의 주도적인 힘으로 전체가 움직여진 것으로 말했지만, 우리는 안다. 실제로는 그렇게 이루어지지 않았고, 그렇게 될 수도 없다는 사실을 말이다.

도전하고 싶은데 어떻게 하면 되느냐고 누가 내게 묻는다면 사람들이 참여하고 싶어 하는 모임을 만들라고 말하고 싶다. 아니면 그런 모임에 참여하라고. 내 경우를 봐도 그렇고, 규식 선배의 말을 듣고 더 생각해 본 점이기도 한데, 자기 능력이 부족해서 멈추고 싶은 순간에도 여러 사람의 자극이나 도움을 받아 계속 나아갈 수 있기 때문이다.

그러고 보니 나는 운이 좋았다. 처음에는 불순한 의도에서 참여했지만, 지금은 많은 것을 얻었으니까. 게다가 이번에 동아리 회장에 투표로 선출되기까지 했다.

회장이 되기 전 마지막 작품인 인터뷰 동영상을 잘 만들고 싶었다. 그런데 찍은 것만으로 만들면 재미 없을 것 같아서 나는 5명이 각자 인터뷰하는 장면의 화면을 반으로 나누어 우스꽝스러운 영상을 집어넣었다. 예를 들어 신규식 선배가 "내가 좋아하는 사람들이 좋아하는 것을 함께하고 싶었던 마음 덕분이었다."라고 말하는 장면 옆에는 일본 영화 〈다만, 널 사랑하고 있어〉의 여자 주인공이 "난 단지 좋아하는 사람이 좋아하는 사람을 좋아하고 싶었어."라고 말하는 오글거리는 장면에 규식 선배의 얼굴을 잘라 넣었다. 혜곤이가 "최선을 다하려는 마음"이라고 말하는 곳에는 지각해서 학교 정문에서 팔 굽혀 펴기를 하는 학생들을 찍은 장면을 넣었다. 이주형 선배가 "새로운 것을 두려워하지 않는 자세"라는 말하는 부분에는 이브가 사과를 깨물어 먹고 재앙이 닥치는 만화 장면을 넣었다. 송의영이 "힘든 과정이 있어도 끝까지 노력하는 것"이라고 말하는 장면에는 의영이가 인터뷰를 찍을 때 NG를 여러 번 거듭하며 짜증 내는 모습을 넣었다.

마지막으로 내가 "과거의 자신을 버리고 새로운 나를 만들겠다는 자세로 용기를 내서 도전한 것"이라고 말하는 장면 다음에는 자기들 인터뷰 부분만 우스꽝스럽게 바뀐 것을 본 회원들이 화난 고릴라처럼 반발하는 장면을 추가로 촬영해서 넣으면 재미있을 것 같았다.

★★

수정이가 만든 동영상을 보고 나서 나는 지난 시간을 돌이켜 보았다. 저마다 이유는 조금씩 달랐지만 함께 만족할 만한 성과를 얻은 것이 기분 좋았다. 그리고 이게 끝이 아니라는 사실이 더 설레었다. 내년에 또 이런 영상을 찍게 된다면 그때는 어떤 말을 하게 될지 생각해 봤다. 처음에는 무모하게 시도하는 것을 도전이라고 여겼던 점을 생각하면 참 많이 변했다. 불현듯 PD 선배의 말이 떠올랐다.

"아는 것을 실행하고, 실행한 것이 어떤 의미가 있는지 아는 것으로 성장하는 거예요."

그전에는 기억도 잘 나지 않았던 이 말의 의미가 직접 경험해 보고 나니 비로소 생생하게 나가왔다.

생각해 보면 나는 정말 운이 좋았다. 동민이가 자기 필요 때문에 전화를 하지 않았다면 어떻게 됐을까? 수정이가 함께하려고 하지 않았다면 또 어떻게 됐을까? 나는 확실히 알고 있다. 밤낮 고민만 하는 철학자 흉내를 내고 있을 것이다.

생각이 여기까지 미치자 그동안 함께하며 도와준 수정이에게 더 고마운 감정이 생겼다. 그리고 고마운 마음을 전할 선물을 주고 싶어졌다. 대형 문구점에서 적당한 선물을 고르면서 깨달았다. 대부분의 물건들이 왜 그렇게 눈에 차지 않는지 말이다. 내 마음은 단순히 동료에게 고마워하는 차원이 아니었다.

★★

회장 인수인계를 마친 다음 날, 신규식 선배는 내게 양초 선물을 건네며 조심스럽게 말했다.

"나 새로운 목표가 하나 있어."

내가 굳이 물어보지 않는데 선배가 얼른 말을 이었다.

"너 우리 둘이 있을 때는 반말도 쓰니까, 앞으로는 선배라고 부르지 말고 그냥 편하게 오빠라고 불러 줄 수 있겠니?"

내가 뜨악한 표정을 지어 보이자 선배가 말했다.

"내가 여동생이 없어서 그래."

"그렇지만 내가 선배 여동생은 아니잖아."

"어, 어……, 그렇긴 하지."

신규식 선배는 방금 자기가 한 말은 잊어버리라고 말했다. 그런데 이상하게 선배의 말이 잊히지가 않았다. 무지 조심스러워하던 선배의 표정까지도.

★★

나는 용기를 내어 수정이에게 고백했다. 나는 언제부터인가 수정이가 무지 좋아졌다고 말했다. 수정이는 어떻게 그동안 참다가 갑자기 용기를 냈느냐고 물어보았다.

"그냥."

"그냥이 어디 있어? 이번에도 두려워서였어? 다른 아이들이 나 채 갈까 봐?"

그건 아니었다. 하지만 당황스러운 질문이어서 뭐라고 대답해야 할지 몰랐다. 머리를 굴리며 눈길을 돌리다가 버스에 붙여 놓은 액션 영화 광고를 보게 됐다. 주연 배우들이 소화하기 힘들어 스턴트맨을 쓸 수밖에 없는 영화. 나에게도 이 순간을 부드럽게 넘겨 줄 대역이 있다면 참 좋을 텐데…….

수정이가 다시 대답을 재촉했다. 뭔가 낭만적인 말을 건네고 싶은데 적당한 말이 하나도 떠오르지 않았다. 그래서 수정이가 좋아하는, 가장 나다운 말을 하기로 결심했다.

"저기, 스턴트맨은 용기 있는 사람이잖아."

자다가 무슨 봉창 두드리는 소리냐는 눈으로 수정이가 나를 바라보았다.

"그런데 멋진 액션 장면을 찍을 때 안전장치를 다 갖추고서 하지. 즉 그 일이 얼마나 무서운지를 안다는 거야."

"그런데?"

"두려운 일이라는 것을 잘 알지만 그 두려움을 이기게 해 주는 이유가 있기 때문에 용기를 내는 거 아닐까. 꼭 멋진 장면을 찍고 싶다는, 가슴을 떨리게 하는 단 하나의 생각 말이야. 무슨 말인지 알겠어? 지금 나한테는 너와 사귀는 게 내 가슴을 떨리게 하는 단 하나의 생각이야."

수정이는 긴장한 듯한 표정으로 내 이야기를 듣고만 있었다. 그 모습에 내 가슴은 더 떨렸다. 하지만 이야기를 제대로 마무리해야 한다.

"너와 앞으로도 함께하면서 더 멋진 사람이 되어 도움을 주고 싶어. 실패할 수도 있으니까 꼼꼼히 준비했어. 안전장치까지 다 만들었다고는 할 수 없겠지만 최선을 다할 거야. 함께 좋은 시간을 지낼 수 있도록 준비하고 그 준비에 대한 확신이 있어서 너한테 고백하는 거야."

수정이의 입술이 떨렸다. 아니, 내 온몸이 심하게 떨려서 그렇게 보이는지도 모른다.

용기와 도전

영어로 용기, 즉 courage의 어원은 심장을 뜻하는 라틴어 'cor'에서 나왔다. 심장은 다양한 감정으로 고동친다. 기쁨, 슬픔, 희망, 절망, 분노, 죄책감, 부끄러움, 감사함, 재미……. 용기는 이 책의 주인공들처럼 이런 다양한 감정을 겪으면서 심장이 계속 움직이듯 자기의 길을 꾸준히 가는 것이다.

핵심은 감정을 겪는 것이지 무시하는 게 아니라는 점이다. 심리학자 에릭 에릭슨(Erik Erikson)이 지적한 바와 같이, 단순히 목표를 정해 놓고서 감정 따위에 휘둘리지 않고 의지력으로만 버티려는 것은 용기가 아니라 고집일 뿐이다. 오히려 감정의 힘을 활용하려고 해야 한다. 수정이가 모임에 참석한 뒤에 보인 행동처럼 기쁠 때는 기쁜 대로, 화가 날 때는 화난 대로 그때그때 최선을 다해서 말이다.

그렇게 감정으로 뛰는 가슴을 안고 도전하는 것과 냉정한 머리로만 도전하는 것 중 어느 쪽이 더 자연스럽고 더 재미있을까? 그 답은 이 책뿐만 아니라 여러 사람들의 삶을 보면서도 찾을 수 있을 것이다.

도전은 흔히 미래의 멋진 나를 만드는 것과 관련되어 이야기되고 있다. 그러나 도전은 미래를 생각하기 전에 예전의 나보다 조금이라도 나아지고자 노력하는 데서 출발하는 것임을 잊지 말아야 한다. 따라서 어제까지의 나보다 나아질 수 있는 것이라면 아무리 사소해 보일지라도 무엇이든 도전이 될 수 있다. 단, 변하겠다는 다짐이 아니라 변하려는 실행이 도전이다. 그러므로 계획을 완벽하게 세우겠다며 실행을 미루는 것은 도전하는 자세와는 가장 거리가 멀다.

　사람들은 계획이 완벽하면 성공할 확률이 더 높다고 생각한다. 그러나 계획은 완벽했지만 실패한 사례가 얼마나 많은지 확인해 보자. 대단한 성공을 거둔 발견이나 발명품도 완벽한 계획보다는 실패를 거듭하다가 우연히 얻어진 경우가 많다. 계획을 완벽하게 세우려 하기보다는 어떻게든 실행하려고 하자.

　우리의 삶은 기획서 속의 멋진 시나리오가 아니라, 우리가 하는 행동에 따라 변하게 되어 있다. 하나가 변하면 그것과 연관된 다른 것도 변하게 된다. 그래서 시간이 갈수록 변화의 범위는 크게 늘어난다. 이 책의 주인공들이나 위인이라 일컬어지는 사람들의 삶이 사소한 도전을 통해 점점 더 가능성을 높여 가는 것처럼 말이다.

　이 책을 다 읽은 이 순간 '이번에야말로' 스스로 시행착오를 겪어 가며 사소한 일에서라도 어제와 다른 나를 만들고자 실천하기 시작한다면, 그게 바로 용기를 갖고 도전하는 것이다. 위인전의 주인공이 되려는 부담을 느낄 필요가 없다. 이른바 위인이 되지 않아도 우리는 우리 삶의 주인공으로서 자신이 가꾼 행복을 당당하게 누릴 수 있다. '이번만큼은' 꼭 마음을 움직이는 것부터 시작하라고 뜨겁게 응원하고 싶다.

도전을 막는
마음의 장벽을 넘어

　흔히 도전이라고 하면 개인적인 성공을 위해 하는 것이라고 생각한다. 그러나 어떤 일이든 개인의 욕심으로 밀어붙이면 다른 사람의 욕심과 충돌하면서 문제가 생길 수밖에 없다. 도전은 욕심에 휩싸여 무모하게 나아가는 것이 아니다. 현명하게 주변을 살피고 사람들과 함께 길을 가는 세심함이 필요하다. '다른 사람보다'가 아니라 '다른 사람과'라고 생각을 바꿔야 도전의 길은 재미도 있고 성공 가능성도 높아진다.

　학교에서 강연을 할 때마다 "이렇게만 하면 되나요?"라고 묻는 '모범생'들이 있다. 마치 학원 족집게 강사에게 수능 필승 공식을 물어 보듯이. 그렇지만 누군가 정해 준 매뉴얼을 따라가려는 것은 나태함에서 비롯된 태도다. 도전은 바로 그런 자세에서 벗어나는 것에서 시작된다.

한편, 자신에게 능력이 좀 있다고 생각하는 사람일수록 실패를 마주하지 않으려 하는 경향이 있다. 그래서 실패를 맛보지 않게 아예 도전하지 않거나 신중함을 핑계로 구경만 하는 어른으로 자라난다. 그렇지만 성공했을 때 무엇을 얻을 수 있는지만 보는 것이 아니라, 실패해도 무엇을 얻을 수 있는지를 보면 도전은 의외로 간단해진다.

어찌 됐든 끝이 좋으면 된다는 생각도 위험하다. 끝만 좋은 것은 어디까지나 끝만 좋은 것이다. 즉 모든 것이 좋은 것은 아니다. 실제 과정이야 어떻든 마지막에 겉으로 드러날 보기 좋은 것에만 매달려 열심히 할수록 문제는 커진다. 회사나 공공기관, 학교도 갖가지 지표를 조사하고 직원과 교사 등을 겉으로 드러나는 성과에 매달리게 해서 열심히 일을 시키지만, 실제로는 '활동의 함정'에 빠져 열심히 할수록 문제가 생긴다. 정작 필요한 일에 쓸 힘과 시간을 빼앗거나 평가 지표에 도움이 되지 않은 부정적 사실은 은근슬쩍 덮어 문제가 더 불거질 가능성이 크기 때문이다.

사실 나는 이 책에 그린 인물들보다 더 많은 시행착오를 겪었다. 정작 큰 문제는 수많은 시행착오에서 교훈을 얻지 못하고 같은 잘못을 반복했다는 점이다. 삶을 살아오면서 내가 겪은 잘못을 내 딸들과 자라나는 청소년들이 반복하지 않고 교훈을 얻기 바라는 마음으로 이 책을 썼다.

이번 원고를 쓰면서 도전이 바로 멋진 성과로 이어지는 것은 영화 속 주인공의 삶에서나 가능한 일이라는 점을 다시금 깨달았다. 사계절출판사의 정은숙, 서상일 편집자와 기획 회의를 하고 등장인물과 줄거리를 수차례 전면적으로 바꾸는 등 원고를 수정했다. 이 책 자체가 양수정, 신규식 등의 등장인물들이 겪은 시행착오의 과정을 거친 것이다. 어쩌면 세상의 모든 일이 다 그럴지 모른다. 멀리서 보면 '짠' 하고 단번에 이루어진 것 같은 일도 자세히 들여다보면 다른 이야기가 숨어 있다. 많은 도전과 좌절, 그리고 그럴 때마다 다시 앞으로 나아가게 하는 용기가 필요한 법이라는 사실을 이 책을 쓰면서 다시 한 번 느꼈다.

이 책은 여러 청소년들을 만난 덕분에 구상할 수 있었다는 사실도 밝히고 싶다. 서울 월촌중학교의 김소연, 여수 부영여자고등학교의 김시연, 광주 조선대학교 부속 여자고등학교의 선혜정 등은 내 온라인 카페에 찾아와 자신의 변화를 이야기해 주었다. 강연회 때 초롱초롱한 눈으로 질문을 하거나 미처 용기를 내지 못하는 이들도 내게 글 쓰는 힘을 주었다. 이들의 모습에서 나의 과거, 현재, 미래의 모습을 보고 발견한 덕분에 이 책을 구상할 수 있었던 것이다.

도전하는 사람은 농부에 비유할 수 있다. 농부는 사계절 가운데 언제가 가장 힘들까? 나는 봄이라고 생각한다. 내가 심은 씨앗 가운데 몇 개나 거둬들일지 몰라 불안하고 답답하니까. 하지만 농부는 현재에 최선을 다하자는 생각으로 씨를 뿌린다. 인생의 사계절 중 봄에 있는 청소년 독자들도 불안하고 답답한 심정일 것이다. 하지만 지금 도전조차 하지 않으면 여름에 땀을 흘릴 대상도, 가을에 거둬들일 곡물도, 겨울에 땅을 쉬게 하면서 내

몸과 마음을 재충전할 시간도 없게 된다. 그러니 부디 용기를 내라고 응원하고 싶다.

사계절출판사 서상일 편집자의 제안으로 정해진 이 책의 제목에는 이미 응원의 뜻이 담뿍 담겨 있다. 살아가며 용기가 줄어들려 할 때는 이 책과 함께 함민복 시인의 시 〈나를 위로하며〉와 같은 작품도 찾아보자. "삐뚤삐뚤 날면서도 꽃송이 찾아 앉는 나비"가 되어 맘껏 꿀을 먹고 신선한 공기를 여유롭게 가르며 나는 행복한 삶을 누려 보길 바란다.

내가 도전을 좋아하는 이유는 앞으로 무엇을 얻을지 알 수 없기 때문이다. 모르기 때문에 기대가 되는 것이다. 이 책에 대한 독자들의 반응이 어떨지 궁금하고 떨리지 않는다면 거짓말이다. 그러나 진정 어떤 결과가 있어도 괜찮다. 결과가 썩 좋지 않으면 다음에는 다른 방식으로 도전할 것이고, 결과가 좋으면 그것을 더 발전시켜 적용해 볼 것이니까.

괴짜 작가의 도전에 공감하며 끊임없이 응원해 주는 사계절출판사 가족들과 독자 여러분에게 진심으로 고마운 마음을 전한다.

2015년 7월
이남석

삐뚤빼뚤 가도 좋아

- 십대를 위한 도전과 용기의 심리학

2015년 8월 29일 1판 1쇄
2022년 7월 31일 1판 8쇄

지은이 이남석
그린이 김현영

편집 정은숙, 서상일   **디자인** 권지연   **마케팅** 이병규, 양현범, 이장열   **홍보** 조민희, 강효원   **제작** 박흥기
출력 블루엔   **인쇄** 한승문화사   **제본** J&D바인텍
펴낸이 강맑실   **펴낸곳** (주)사계절출판사
주소 (우)10881 경기도 파주시 회동길 252
전화 031)955-8558, 8588   **전송** 마케팅부 031)955-8595 편집부 031)955-8596
홈페이지 www.sakyejul.net   **전자우편** skj@sakyejul.com
블로그 blog.naver.com/skjmail   **트위터** www.twitter.com/sakyejul   **페이스북** www.facebook.com/sakyejul

값은 뒤표지에 적혀 있습니다.
잘못 만든 책은 서점에서 바꾸어 드립니다.
사계절출판사는 성장의 의미를 생각합니다.
사계절출판사는 독자 여러분의 의견에 늘 귀 기울이고 있습니다.

ISBN 978-89-5828-897-8 44180
ISBN 978-89-5828-570-0 44080(세트)